警察、民族、犯罪、業界が抱える闇と未来

パチンコがなくなる日

POKKA吉田

2011.3.1
POKKA吉田

主婦の友新書

はじめに

押尾学事件とぱちんこ業界

世界中で間違いなく最も華やかな街のひとつであるラスベガス。そして、ハナ肇とクレージーキャッツが日本人としては初めてロケを行ったといわれた通称ストリップストリート。ここは世界中に知られているこの巨大カジノタウンの目抜き通りである。

2年近くも前のこと。このストリップストリートを一部通行止めにしてあるロケが行われた。まるでディズニーランドのエレクトリカルパレードか、はたまたおとぎ話の世界の特別な馬車か、そんな非日常の乗り物が、車も歩行者もいないこの通りをゆっくりと進んでいた。その先に控えていたのは押尾学。田中香織さんが亡くなる1ヶ月ほど前のことであった。

押尾にとっておそらく事件前の最後の大きな仕事であったろうこのロケは、ぱちんこ遊技機のための撮影だった。押尾をキャラクターとして抜てきしたのは、マルホン工業（本社・愛知県春日井市　和泉靖代表取締役社長）という老舗のぱちんこメーカーである。その遊技機は「CRカジノの帝王（仮称）」となる予定だったという。

押尾のラスベガス滞在は2週間程度のものだった。関係者による熱心な企画説明をよそに、なかなか撮影に乗り気にならない押尾。ビッグマウスを地で行く有名俳優ならではの大物ぶりだったという。しかも撮影の進行状況もなんのその、夜な夜なこの目抜き通りのクラブに関係者を引き連れて飲み歩いていた。帰国子女ということもあり、クラブには西海岸を中心にアメリカ各地から押尾の友人たちが集まっていたそうだ。

それでも関係者たちがなんとか無事にロケを済ませて押尾は日本に帰国。それから1、2週間後の2009年8月3日未明。あの合成麻薬MDMAによる田中さん死亡事件である。

マルホン工業は進めていたCRカジノの帝王の開発をただちに中止、押尾のぱちんこは幻となった。

六本木ヒルズのレジデンスで変死した田中さんと直前までいた押尾。しかし麻布警察署は初動捜査の段階で「事件性なし」とマスコミにコメントを出した。「芸能人はいない」というコメントも出ていたのだが、実際は押尾がいたわけであり、麻布警察署もそれを把握していた。この情報が漏れたため、マスコミ各社の猛烈な問い合わせが麻布警察署に集まり、結果的には押尾は逮捕されることになる。

押尾の1回目の逮捕から約1ヶ月後の8月31日。押尾が保釈された。その後、保護責任者遺棄致死罪などで再逮捕され裁判員裁判になったのは、多くの人が知るとおりである。

押尾の1回目の保釈後の9月以降、マスコミ各社は押尾事件で一斉にぱちんこ業界を狙った。理由はいくつもある。

まずは麻布警察署の初動捜査が異常だったため「何者かの横やり」が疑われたのだが、このとき「揉み消し担当」をマスコミが疑った警察OBのA氏が、ぱちんこ業界と少なからずかかわっていたからである。

A氏は警視庁管内の警察署長などを歴任して、退官後は某代議士事務所で働くかたわら、某パチスロメーカーの顧問をしていた。あるぱちんこ業界団体の当時の幹部と姻戚関係にもあったため、ぱちんこ業界関係者からは「某パチスロメーカー関係者で警察に顔が利く人物」と見られていた。

次に押尾と故田中さんが知り合ったのは、彼女の勤務する銀座の店だったのだが、そこに押尾を連れていった人物がフィールズの創業者オーナーである山本英俊代表取締役会長。これは押尾事件の一審でも明らかにされたことだ。

フィールズは遊技機販売業としては最大手であり、単独でも1千億円近い年商がある大企業だ。K－1のスポンサーとしても知られており、角川春樹事務所、円谷プロダクションといった著名コンテンツを扱う会社を傘下におさめている。

しかも事件現場となったレジデンスの部屋を借りていたのはピーチ・ジョンの野口美佳氏が代表をしている会社である。この野口氏と山本氏は旧知の間柄である。

そして、マルホン工業によるぱちんこ遊技機の押尾採用案件である。これは事件によって幻となったのだが、押尾の1回目の保釈金を供出したのは、事実上のマルホン工業のトップである熊取谷稔氏の関係者である。特に400万円の保釈金が未払いだったため保釈が認められてから保釈されるまで数日間あったこともマスコミを刺激した。「押尾に金を出す者はいるのか。ひょっとして保釈金が払えなくて出てこれないかもしれない」と見ていたマスコミの注目の的になった熊取谷氏は、ぱちんこCR（カードリーダー）化の仕掛け人のひとりとして知る人ぞ知る人物であった。

押尾をめぐって暗躍したぱちんこ業界人脈がマスコミのターゲットになった。結局、新聞各社は記事化せず、週刊誌などの雑誌が一部記事化しただけだが、実名報道は少なかった。フィールズは優良広告主でもあり、それ以外もぱちんこ業界を超えて政財界を股に掛ける大物たちである。「ペンは権力より弱い」ことに憂いを覚えた記者たちが、多く私に問い合わせをしてきたことも今思い出せば懐かしい。

2010年9月に押尾事件（保護責任者遺棄致死罪等）で、一審は、致死罪は認めなかったものの保護責任者遺棄罪を認定し、懲役2年6月の実刑判決を下した。検察は保護責任者遺棄致死罪の適用を諦め控訴せず、押尾は判決を不服として控訴した。現在は保釈されており、二審を待つ身である。

全国を驚愕させたドラッグSEXの果ての事件。押尾は既に薬物使用の罪で有罪が確定しているが、一緒にいた田中さんは帰らぬ人となった。

押尾事件の裏側を懸命に取材しつづけた記者がものすごく多いこと、押尾事件に対する世間の関心が判決そのものにシフトしたこともあって、マスコミ各社はぱちんこ業界そのものを狙いはじめており、その勢いは以前にも増して激化してきた印象がある。現在、世間の目に触れる記事が少ないのは、ぱちんこ業界のガードが堅いということを意味しているのだと私は考えている。

そんなぱちんこ業界のガードをこじ開けるには、今はいい時期だろう。金と権力と犯罪と民族問題を内包する巨大グレー産業を、今この瞬間から全ての読者に余すところなく伝えよう。

※表記について

多くのマスコミでは「パチンコ」とカタカナ表記にするが、法律では「ぱちんこ屋」「ぱちんこ遊技機」などとひらがなで表記している。本文では正しい法律用語にそって「ぱちんこ」と、ひらがな表記を採用した。

目次

第3章　パチスロがなくなる日

第4章

マックスタイプがなくなる日

第5章　民族とぱちんこ

企画・構成／大﨑一万発
装丁／菅谷真理子（フレーズ）

第1章
警察とぱちんこ

暴力団から警察へ

ぱちんこの歴史は古いのだが、戦争という大きな断層がある。現在のぱちんこは「戦後新たに始まった」流れで発展してきた。

ぱちんこ営業というのは「風俗営業取締法」（改正前の風営法）という警察が所管する法律で、性風俗営業や女性が接客する飲み屋（当時はキャバレーなど）と同じように厳しい規制が設けられていた。当時から建前は「換金行為は禁止」である。しかし「ぱちんこといえば換金」というのは、戦後復興したぱちんこ店にもある程度必須の命題であった。

年配のぱちんこファンの読者なら「買人（かいにん・ばいにん）」という言葉を聞いたことがあるかもしれない。あるいは「ガム買い」「タバコ買い」でもいい。これは当時のぱちんこの換金実態を示す貴重な死語である。

ぱちんこ店で玉を景品に交換する。交換できるのはタバコだったりガムだったりチョコレートだったりと、日常生活にありふれたものである。しかし交換した景品を店外に持っていくと、まるでポン引きのように立っている男がいる。彼らこそが「買人」であり、景品を買い戻して客に金銭を払い、買い戻した景品をぱちんこ店に再び卸すという、換金行為の原点の連中だ。

こんな換金媒介人がカタギである方が珍しい。つまり、ぱちんこ店の始まりは「暴力団と密接につながっていた」ところからだ。ただし、時は戦後復興の日本である。警察庁が頂上作戦で山口組を中心とする暴力団を壊滅させようとするのはこれよりも先のことである。まだ、日本国内が暴力団とつかず離れずを演じていた時代の、ひとつの名残といえばいいだろう。

間もなく買人というのは消える。立ちっぱなしの男が換金行為の媒介人となるいかがわしい仕組みでは、後の大規模な発展は見えるはずもない。姿を変えて買人は「景品買取所」となる。買い取る景品も特別に用意することが多くなっていくが、法律の規制が厳しいので、建前は「日常生活にありふれたもの」を媒介とする。しかしこれらこそが客にとって「換金可能な景品」であるため、いつしかこういう景品を「特殊景品」と呼ぶようになった。だが、換金行為からの暴力団排除はそれでもまだ先のことである。

戦後日本が奇跡の復興を始めた頃、暴力団に対して社会の反発が強まっていく。この傾向は１９６０年代から強く見られた。それまでは多くの者が商売上利用しあっていたわけだが、社会が安定し繁栄していくとアウトローの居場所はなくなっていくということだ。

ぱちんこにおいてもそれは同じだった。そもそも法律は警察が所管しているのである。警察が社会の空気と同じく、暴力団排除の方向に強烈に動きだした1960年代から、ぱちんこの換金もそれに合わせてシフトしていくことになる。

象徴的なのが大阪府の換金方式だろう。ぱちんこ店が客に提供する景品を買い取る景品買取所が、そのままぱちんこ店に卸すと「実質ぱちんこ店が換金行為を行っている」という解釈も可能だ。だからもう一店舗を景品の流通に加えることで、違法性を阻却しようとしたわけだ。もう一店舗とは「景品卸問屋」のこと。問屋はぱちんこ店に特殊景品を卸す。ぱちんこ店は客に特殊景品を提供する。客は特殊景品を買取所で換金する。買取所は問屋に特殊景品を引き取ってもらうから、ぱちんこ店は「問屋と客としか取り引きしていない」ということになる。これが第2章で触れる三店方式の始まりである。

1961年頃に始まった大阪方式は、いくつかの社会的メリットがあった。それは「換金行為に巣食う暴力団を排除できる」ということと「雇用確保」だ。買取所の運営に福祉の考え方を導入して、当時はまだ珍しくなかった戦争未亡人など生活苦の人たちを積極的に雇用するというモデルにしたのである。この社会的メリットを有用と見た大阪府警は、この大阪方式を事実上認めた。この方式は若干の変遷を経て、現在まで大阪府で継続しており、各都道府県の「理想的な換金行為モデル」として今なおスタンダードとなっている。

暴力団排除と福祉。要するに「良いことをしているのだから、換金は見逃せ」的なこの手法を事実上大阪府警が黙認したときから、換金問題は始まったのだ。同時にこれは「ぱちんこ業界と暴力団との決別」をも意味した。ここから先は「ぱちんこ業界のケツもちが暴力団から警察に変わる」時代となる。

警察天下りの行方

ぱちんこの法律は警察によって所管されている。その警察は暴力団排除に動く。地域によってその実現時期に差はあるが「(主に換金行為からの) 暴力団排除」が進むことになった。それまでの暴力団依存の体質から、所管とケツもち両方が警察に集中することになったわけだ。つまり「警察によるぱちんこ業界支配」の構図の誕生である。

最もわかりやすい例でいえば、天下りだろう。ぱちんこ店は、基本的に警察組織と全く同じような全国組織（組合）を作っている。警察は大まかには「警察庁、管区警察局、警察本部、所轄警察署」という組織体系になっているから、ぱちんこ店組合も同じような組織体系を持っている。現在のそれぞれの対応関係は「全日本遊技事業協同組合連合会（全日遊連）、各遊協組合連合会（○○連　○○には地区名）、各遊協組合（○遊協や○遊連○には県名）、各組合（単組　○○組合　○○には地域名）」となっている。これは全て警察組織に完璧に対応したものである。

細かいところでは、北海道と東京都だけが他府県と異なっている。それは警察組織がこのふたつが少し異なっているからである。

北海道は広すぎるため、北海道警は自身と所轄警察署の間に方面本部を設置している。このため、北海道のぱちんこ店組合はそのまま方面本部ごとに「札幌方面遊協（北海道警直轄）」「函館方面遊協」などと分かれている。この北海道の各方面遊協は、全国組織の全日遊連内では「1県」と同じ扱い（理事選の票の数等）である。

東京都警察本部（つまり警視庁のこと）は、人口が多すぎるので方面本部を設置している。これに対応するのは「ブロック」と呼ばれる組織であるが、こちらは全日遊連の構成からは外れ、都遊協（連）の下部組織という扱いになっている。

この対応関係を図に表すとこのようになる（図1）。

図1●●警察組織とぱちんこ店組合の対応関係

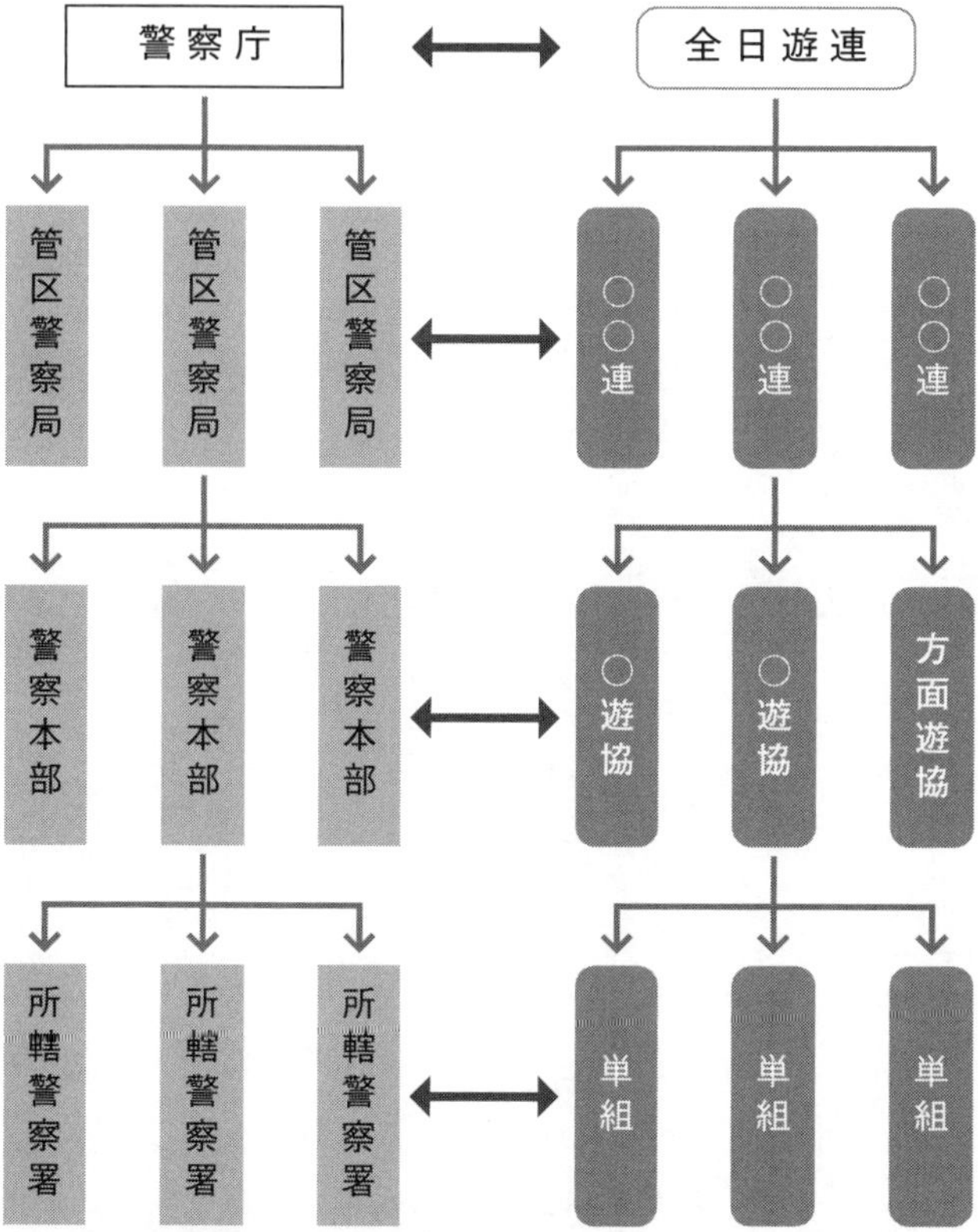

- 左は警察組織、右はぱちんこ店組織
- 全日遊連の正式名称は「全日本遊技事業協同組合連合会」
- 単組とは「単位組合」の略称
- 方面本部設置の北海道は、方面遊協が○遊協（連）と同格（北海道警に対応する北遊連は、他の○○連と同格）
- 方面本部設置の東京都は、方面本部対応組織はブロックとなり、遊協（連）と単組の間の組織ここで驚くべきは、警察庁の組織図とぱちんこ店組合の組織図と矢印で結んだ相関関係にある部分のほとんど全てで「警察天下り」が存在するということだ。これは完全に慣習化された「指定ポスト」となっており、たとえば「専務理事」「事務局長」などが天下りポストとなっている。なお、ぱちんこ店組合でぱちんこ営業者の役員等に報酬は発生しないが（一部例外アリ）、天下りポストには当然のように報酬が発生する。

天下り＋黙認だけではない複雑な対立

一般的には警察天下りとぱちんこ業界との関連を「ぱちんこが警察に天下り等で利益を提供し、その代わり換金黙認や釘調整黙認等のメリットを得る」という文脈で理解されている。換金行為や釘調整が現存するわけだからこういった側面ももちろんあるのだが、私の印象では「警察の要請」という側面も見える。というのも、天下りをめぐって全日遊連と警察庁が強く対立した時期があったからだ。

時は２００２年。日韓共催のサッカーワールドカップである。ぱちんこ営業者は（第５章で後述するが）在日韓国・朝鮮人の割合が高い。そこに事業性を見た全日遊連の執行部

（当時）が、サッカーグッズを共同購買しようと目論んだ。ぱちんこ店の（換金行為とは関係ない）景品として全国の加盟ぱちんこ店に仕入れてもらおうとしたわけだ。

ところが日韓共催のサッカーワールドカップの成功とは違い、この事業は大失敗。多額の負債（億を超えたという）を抱えて全日遊連執行部は揺れた。責任を取って執行部総辞職もあり得たこの場面で、全日遊連は警察庁と対立する道を急遽選択することになる。

手続きとしては「執行部総辞職」を経たのだが、その後がすごい。「執行部がひとりを除いて総再任」となったのだ。つまり除かれたひとり、事実上の更迭となった人物は高橋弘専務理事（当時）。警察天下りポストで全日遊連最上位ポストの人である。

全日遊連関係者によると、高橋氏はサッカーグッズ共同購買事業にかなり積極的だったという。決裁書面にハンコを押した人物のひとりでもある。そして、高橋氏以外の執行部の面々が理事たちの信頼も厚く、本当は責任を取らせて辞めさせたくないという空気でもあったそうだ。だから「高橋氏ひとりに責任を取らせた」形になっているのだが、このケースがこじれたのは、全日遊連が天下り派遣元である警察庁の了承を得ずに断行した人事だったからだ。つまり「警察庁の了承を得ず、天下り最上位を勝手に更迭」したのだ（ただし、表向きは「任期満了の退任」という形を取っている）。

実際、このときは警察庁と全日遊連の対立が極めて強まった。第3章で触れるが、当時は爆裂機問題前夜という、ぱちんこ業界全体を震撼させる警察庁の規制強化直前だった。警察庁の心証が反ぱちんこ業界に傾いたことを敏感に察知した全日遊連は、その後なんとか警察庁との関係改善を目指す。しかし、警察庁は全く譲らない。そもそも全日遊連の専務理事は警察天下りポストであるから、この状態では後任人事も充てられない。そこでまず全日遊連は「後任の天下り派遣を要請する」ことにしたのだが、警察庁は完全に派遣を拒否。これは2005年まで続いた。さらにその後、警察庁は全日遊連に対して強硬手段に出た。そして、このことが原因で、全日遊連は意見が真っ二つに割れ、組合存亡の危機に陥ってしまう。

警察庁が理事長をハメた？

時を2005年5月27日に進めよう。この日は全日遊連の第14回通常総会開催日である。対応関係にある警察庁からも生活安全局生活環境課（ぱちんこ業界所管の部署、当時）から鶴代隆造課長補佐が来賓して、田端智明課長の祝辞を代読していた。これだけならどこの業界にもありがちな「所管省庁の役人が所管業界団体の総会に来賓した」という話である。

しかし実際は違った。全日遊連山田茂則理事長（当時）が経営（および親族が経営）する店舗に警視庁・埼玉県警が立入りを行い「無承認変更が発覚した」のである。無承認変更とは法律で禁止されている「勝手に遊技機の構造を変更する」ことであり、違法に部品等を取り付ければ該当する。

この日は山田氏も理事長として出席しており、警察庁からはぱちんこ業界所管のキーマンの鶴代課長補佐（ここ10年ほどは、警察庁はぱちんこ業界所管を課長補佐が仕切る）が来賓しているのだが、当の山田氏は違法行為が午前中に発覚したわけだ。しかも代読メッセージでその違法行為に鶴代課長補佐が触れることもない。当時の山田氏の心境はいかようなものか、想像するのも難しい。しかも、総会開催中に出席者（全日遊連理事、傘下組合役員、他のぱちんこ業界団体役員、ぱちんこ業界紙記者等）の間でこの情報が急速に広まった。表向きは平静を装った体で総会は終了するのだが、出席者のほとんどが大混乱に陥り、その後の全日遊連の組織運営の危機にまで発展した。

当時は、全日遊連関係者の多くが「警察庁が理事長をハメた」と見ていた。私自身も全日遊連以外の警察天下り人物等から聞いた話を総合すると、たしかにそのとおりに判断している。ただし、警察庁はその後水面下でなんども「たまたま（山田氏の関連する店に）立入りして違法行為が出てきた」という立場を堅持している。今に至るまで「警察庁が指示をした」ということを否定しているのである。

さて、全日遊連の組織危機というか分裂危機の話をしておきたい。この総会を起点にして、全日遊連は大きくふたつの意見に分裂した。ひとつは「親山田」的ベクトルである。「反警察」とまではいかないが「警察にも言いたいことはどんどん言って、必要なら争うべき」という方向がこの流れである。もうひとつは「親警察」的ベクトルである。これは「ぱちんこは警察に所管されているのであって、警察と対立することがそもそも間違いだった」という流れだ。警察の意向に従ってぱちんこ業界を発展させるという方針を明確にしていた東京都遊協の原田實理事長がその代表的存在となる。

かくして、全日遊連は「親山田」と「親原田」とで深刻な対立が生じた。そして、この対立は現在まで続いている。というのも、これ以降、全日遊連の理事長選挙は現在に至るまで全て「山田氏vs.原田氏」の2名による選挙になっているからだ。それぞれ勝ち負けを経験している。

２０１０年の全日遊連の理事長選挙は東京の現職の原田氏が勝利。現在は原田執行部である。しかし、山田氏支持に回った全日遊連理事も多く、警察を軸に、あるいは山田氏と原田氏を軸に「どちらにつくか。親か反か」というきな臭い状況は今も姿を変えて続いているのだ。

これがあるから私は「警察とぱちんこ業界は天下りと（換金行為などの）黙認とで、蜜月につながっている」と判断していないのである。単純に「警察とぱちんこ業界はズブズブ」といえるほど、良好な関係ではないのだ。

解説　立入り

立入りとは法律で定められた権限のこと。ぱちんこを規制する法律は、現在は「風俗営業等の規制及び業務の適正化等に関する法律（風営法）」だが、その第三十七条２項に「警察職員は、この法律の施行に必要な限度において、次に掲げる場所に立ち入ることができる」と定められている。次に掲げる場所に「風俗営業の営業所」とあり、ぱちんこ屋はこれに該当する。つまり、警察職員は「いつなんどきであっても、ぱちんこ屋に対して立入りを行うことが可能」ということになっている。

この立入りについては、ぱちんこ業界特有のヤヤコシサもある。風営法は違法行為について、一部については罰則規定も定めている。罰則規定とはつまり「刑事責任も追及可能」ということだ。罰金や懲役など、違法行為の内容によってさまざまである。

ところで、ぱちんこ業界では古くから「不正」というのが問題となっている。つまり「裏モノ（大当たり確率等を変えるため、不正な部品を取り付けた遊技機）」や「遠隔操作（裏モノのひとつだが、端末からの操作で特定台番の大当たりを直接操作できる代物。店側が出玉率を指定して後は普段は操作しない。朝一番や夕方に大当たりしやすく、深いハマりがないことが多い）」などのことだ。これは全て罪状としては「遊技機の無承認変更」ということになる。勝手に遊技機を変更・改造する罪ということである。

この無承認変更はぱちんこ業界の悩みの種でもある。あまりに事件件数が多くなると、警察庁としては規制強化によって対応することになる。この規制強化が進みすぎると、無承認変更を行っていないぱちんこ営業者にとっても、かなりの不便が生じる。たとえば「中古で遊技機を購入して、新台入れ替えする」というケースで、無承認変更による規制強化が進んでいれば「簡単に入れ替えできない」となるわけだ。

このため、いくつかのぱちんこ業界団体が、警察庁に対して「風営法第三十七条の立入りを積極的に運用してもらって、無承認変更業者をどんどん摘発してほしい」と要望しつづけてきたという側面がある。しかし、警察庁は風営法の解釈基準の中で、

・立入り等の行使は、法の施行に必要な限度で行い得るものであり、行政上の指導、監督のため必要な場合に、法の目的の範囲内で必要最小限度で行わなければならない。したがって、犯罪捜査の目的や他の行政目的のために行うことはできない。

・立入り等の行使に当たっては、いやしくも職権を濫用し、又は正当に営業している者に対して無用な負担をかけるようなことがあってはならない。

※警察庁丙保発第14号警察庁丙少発第22号平成22年7月9日「風俗営業等の規制及び業務の適正化等に関する法律等の解釈運用基準について」第31報告及び立入りについて（法第37条関係）より抜粋

と、自らの職権に歯止めをかけている。だから、全日遊連総会当日の立入りについて、

警察による風営法第三十七条の職権濫用だ、という批判も全日遊連の親山田派からは噴出した。

ただし、伝統的に警察はぱちんこ営業者に対して、職権濫用ギリギリの立入りを敢行してきたことも事実。犯罪捜査としての無承認変更の場合（無承認変更は罰則アリ）は内偵を進め家宅捜査令状を得て強制捜査となるのだが、この流れでの立件例はさほど多くはない。多いのは「第三十七条立入り↓無承認変更発覚↓無承認変更立件」という流れだ。

警察の「職権濫用に近いカルチャー」と「ぱちんこ業界側の職権濫用要望」と「総会当日の立入り＋無承認変更発覚」というのは、かなりきわどいバランスの上で互いに影響しあっているのである。

解説　無承認変更

俗にいう「裏モノ」や「遠隔操作」というものは、遊技機の改造を伴わないと不可能

●吉宗（大都技研）
2003年発売。711枚獲得可能なBIGボーナスが1ゲームで「連チャン」する、過激なゲーム性で大人気を博した。連チャンを狙うゴト行為が蔓延。

であるため、無承認変更ということになる。これには罰則（100万円以下の罰金か1年以下の懲役かその併科）もあるが、風営法違反ということでそのまま営業許可取り消し処分に相当する違反だ。

しかし、たとえば「故障した遊技機を勝手に修理する」「ゴト行為（不正な手段で出玉を得る行為）を防ぐためにセキュリティ部品を勝手に搭載する」ということも、適切な行政手続きを経ない場合は、同じく無承認変更ということになる。

ところで、ぱちんこ営業者の多くは「裏モノ・遠隔操作」に関する無承認変更と「修理・ゴト対策」に関する無承認変更とを、峻別して考えている。これは警察にも言えることで、前者の場合は刑事事件とは別に営業許可取り消し処分にすることが多いが、後者の場合は営業停止命令や指示処分（○月○日までに違法行為を解消しろ、という指示命令）で済ますことが多い。で、山田氏店舗への総会当日立入りが複雑なのは「吉宗（大都技研の人気パチスロ）のゴト対策部品の取り付け」だったということである。なので、親山田派の論調は「悪いことをしたわけではないのに」となりやすかったのだ。

当時、吉宗のゴト行為は蔓延していた。そして、違法にゴト対策を行う部品も蔓延していた。さらには、全日遊連はそういった「違法にゴト対策を行わないように」と、組合員である全国のぱちんこ営業者に対して呼びかけていたという事実がある。つまり私としては「何も総会当日に立入りをしなくてもいいのに」と山田氏に同情的に思う半面「違法行為は事実だから仕方がない」とも考える。

なお、無承認変更というのは、罰則ベースでも行政処分ベースでも「ぱちんこ営業者にとって、風営法で規定されているペナルティとしてはかなり重い違法行為」となっている。

第2章

釘と換金のグレーゾーン

釘のグレーゾーン

たびたび浮上する「釘がなくなる説」

2004年というのは、ぱちんこ業界関係者にとっては苦い記憶の年だ。この年に「遊技機の認定及び型式の検定等に関する規則（検定規則）」「風俗営業等の規制及び業務の適正化等に関する法律施行規則（風営法施行規則）」等の国家公安委員会規則が改正・施行されたため、それまで存在できた4号機（爆裂機）と呼ばれたパチスロが5号機と呼ばれるパチスロに（経過措置終了後）強制入れ替えとなったからである。

この2004年の改正規則施行前夜、ぱちんこメーカー組合の日本遊技機工業組合（日工組）はひそかに希望と野望を抱いていた。

ある年、日工組の新年互礼会に記者として取材出席していた私は、釘調整に関する話題で、ある日工組幹部の発言を聞いた。「そんなこと言ってたら釘がなくなってしまうよ」と。

どういうことかと言えば「釘調整が悪いことと言うのなら、釘がなくなる必要がある。釘は真ちゅう製なのだから叩くことを前提にしているのが今の規則。もうすぐ規則改正というこの時期に、釘調整の是非を論じていると、業界から釘をなくすような方向に規則が変わってしまうから、発言には注意した方がいい」という意味である。

釘調整で出玉率をコントロールする

そもそも、釘そして釘調整とは何か。ぱちんこにおいては、玉の軌跡を左右するのが釘である。釘の配置のことを「ゲージ」とも呼ぶ。そして、釘の微妙な状態によって出玉率（玉がどれだけ出るかという割合）そのものが左右される。

ぱちんこメーカーは、釘を盤面に打ち込んだ状態の遊技機を販売する。ぱちんこ店はメーカーや代理店・代行店と契約して、運送業者が持ってくる遊技機を受け取る。このときの釘の状態を一般に「ノーマルゲージ」という。そしてこのままでは「ぱちんこメーカーが設計した出玉率になる」ことになる。

ぱちんこ店は商売だから、安売り（＝玉を出す）もしたいし高値でも売りたい（＝玉を出さない）。一般的に最近のぱちんこ店は「高値売り」を好むので、このままでは営業の用に寄与しない。そこで、自店の狙いどおりの出玉率になるように、釘を叩くわけだ。これを釘調整という。

現在のぱちんこは、技術が進歩して確率のゲームとなっている。盤面ヘソ部分にあるスタート入賞口に玉が入ると遊技機内部で抽せんが始まる。この抽せんに当せんすれば「大当たり」となり、この抽せんに外れれば「外れ」である。大当たりになると玉が増えるし、さらに、特別な大当たりの場合は「連チャン」状態となる。たとえば通常の大当たり確率が３００分の１でもそれが30分の１に引き上げられる。この状態のことを「確率変動（確変）」と呼び、確変中に玉がなくならないようにするために普通図柄と呼ばれる小さなチューリップ形等の入賞口が盛んに開いて玉を引き入れる。打ち出した玉と出てくる玉とがちょうど同じになるようなレベルになるこの状態を「電動チューリップ等によるサポート」ということで「電サポ」と呼ぶ。こうなると1回の大当たりが何回もの大当たりを呼び、一度に得られる出玉がさらに飛躍的に増えていくことになる。

ぱちんこ店が釘調整を行って出玉率をコントロールする場合は「スタート入賞口」を第一に「出玉」を第二に「電サポ」を第三に「その他」を第四に考える。スタートは確率の

ぱちんこの構造と各部位の名称
（例：CR新海物語Withアグネス・ラム）

©excor　©東映

Ⓐスタート入賞口（ヘソ）
始動口、スタートチャッカーとも呼ばれる。入賞することで特別図柄（メインデジタル）が変動し、さまざまな演出が発生。

Ⓑ液晶表示部（メインデジタル）
大当たりや外れ図柄を表示。現行機では、実際の特別図柄は別の部分にあるが、一般的にはメインデジタルと理解されている。

Ⓒ電動チューリップ
確率変動や電サポ（時短）中に開放することで、スタート入賞をサポートする。

Ⓓ大入賞口（アタッカー）
大当たり時に開放し、入賞することで出玉が得られる。

Ⓔスルーチャッカー
電動チューリップを開放させるための普通図柄（ミニデジタル）を抽せん。賞球払い出しのない通過式の始動口。

Ⓕ他穴入賞口
入賞することで5〜10個程度の賞球が得られる。実際にはほとんど入賞しないように調整され、ゲーム性には影響しない。

ゲームであるからあまり入れないと大当たりの回数そのものが減る計算だ。逆に開ければ大当たり回数そのものが増える。出玉はあまり得られないようにすれば出玉率は下がるし、その逆なら出玉率は上がる。電サポは増やすことは慣習的に行われないので減らすか否か、ということになる。減らせば電サポ中にもかかわらず出玉は減っていくが、その減り幅は通常時に比べると大したことがない。「その他」というのは、スタートにも電サポにも出玉にも影響しない「他穴入賞口」と呼ばれるところへの入賞であり、慣習的にぱちんこ店はこれを極限にまで閉める傾向にある。

釘調整とグレーゾーン

ところで第1章コラムで「無承認変更」に関して触れた。勘の良い読者なら疑問に思うかもしれない。それは「釘調整は無承認変更にならないのか?」というものであり、これは換金行為と並ぶぱちんこ業界の最大級のグレーマターである。

結論から言おう。「釘調整は無承認変更だが、極端な調整ではないケースだと警察は何もしない。ただし、警察になんらかの意図・目的があれば極端な調整でなくても問題視す

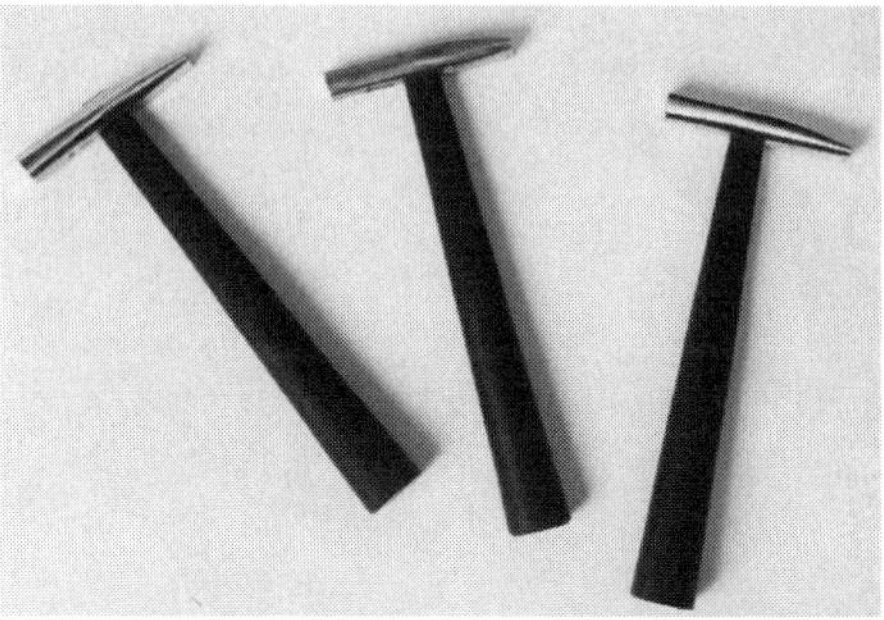

釘調整用のハンマー。ゲージ棒などの釘間計測用具とともに使用される。

る」。これでわかるのはぱちんこ業界関係者だけだろう。

解説すると「絶対に入らない」釘は無承認変更として摘発の対象となる。ケースとしては、古くは「セルロイド板で入賞口をふさぐ(主に他穴入賞口部分)」というのがあり、一般的には「釘を極限に閉めて、あるいは完全にクロスさせるような形で入賞を不可能にする」というものだ。この違反事例はさほど件数は多くないが、現在まで摘発例がある。

他穴入賞口の細かい話をすると、現在「打ち出し100個に対して2個相当の入賞」というのが一般的な釘調整だ。他穴入賞口の払い出し個数は10個など比較的多めなので、これはあくまでも割合の話である。そしてぱちんことは1台を一日ずっと打ちつづけると約6万個の玉を打ち出すことが可能だ（本当に打ちつづけると理論的には7万個以上可能）。そこで他穴入賞口の2％という払い戻し割合を考えると、6万個に対しては1200個となる。これは1回の大当たり程度の個数に相当する。つまり「他穴入賞口に全く入賞しなければ、大当たり1回分増やしても出玉率は同じ」ということになる。高値で売りたいが客には遊技してもらいたいのがぱちんこ営業者なのだから、この手法はこういう理由で選択されるということだ。

「開きすぎている釘」というのも摘発対象となる。これは基準としては「13ミリを超える入賞口の入り口」になっているケースとしてぱちんこ業界では理解されている。というのも、ぱちんこ遊技機の規制としてこの数値が検定規則に定められているからだ。しかしこれは「釘調整は13ミリまでＯＫ」という意味ではない。「13ミリを超える入り口なら、そもそも設置を許可しない」という意味である。

どこまでがＯＫでどこまでがＮＧか

警察になんらかの意図・目的があるケースというのは、俗に言う「開店前の嫌がらせ」

というもの。別件で内偵したりなんらかの疑いがあるぱちんこ営業者が、遊技機の新台入れ替えの際に行われることが多い。新台入れ替えは「変更承認」という行政手続きを経る。これで「無承認変更ではない」ということになるのだが、このために立ち会い検査を行う県警（所轄警察署）が多い。この立ち会い検査の際に「警察が、設置機種の釘の角度を逐一測り、諸元表（その遊技機を設置してもいいという検定を得るために用意されているもの〝遊技機メーカーの設計）と比較して『角度が違う』とクレームをつける」ということがよく行われるのだ。こうなると、新台入れ替えそのものが吹っ飛ぶことになる。ただし、釘角度で新台入れ替えを吹っ飛ばしても、釘そのもので何か立件するというケースは少ない。意図・目的というのはそういうことである。一種の「別件嫌がらせ」である。

実は、警察庁のぱちんこ所管担当官が、全日遊連幹部に非公式に言ったことがある。それは「11ミリ下、13ミリ上という釘調整以外で、過去ぱちんこ営業者が無承認変更で刑事責任を科せられた前例がない」というもの。これは「釘調整について、どこまでがOKでどこまでがNGか」という、本章冒頭部分に関係するテーマだ。

なんでこういう話が浮上するかというと、２００６年の風営法改正が発端である。このときの法改正で「無承認変更で罰金刑以上に処せられると、当該ぱちんこ営業者の全店が営業許可取り消し処分可能（風営法第八条）」となったからだ。この法改正の前夜に、全日遊連が釘調整について警察庁の担当官と話をした際に、「こういう前例なんですよ」と、事実上「11〜13ミリの間では罰金刑にならないからね」と示唆したわけである。刑事責任が問われないなら全店営業許可取り消しにはならない。それをこの担当官は言ったわけだ。ただし、このときは担当官は自らの発言を全国の全日遊連加盟ぱちんこ営業者に知らせることを絶対にＮＧとした。なぜなら「警察が釘調整を容認するかのような発言」であったからである。

２００６年の法改正直後、釘調整をめぐってちょっとした悶着が警察庁と愛知県警の間であった。

愛知県の某ぱちんこ店が、先ほど例示した他穴入賞口を完全にふさぐ釘調整をしたということで、愛知県警に摘発された。そして愛知県警のぱちんこ担当課長補佐が愛知県内の某単組の研修会の席上でこの事件に触れ「刑事事件にする」と発言したのである。

つまり「釘調整で第八条の営業許可取り消し処分を行う」と明言したようなものだ。刑事事件にするということは「無承認変更」による送検を意味する。無承認変更は事実（現場で証拠を押さえられた）なのだから、罰金刑が判例からは確実だ。つまり、ぱちんこ業界関係者にとっては「ついに来たか」という感じである。釘調整における「グレーゾーン」が「ブラックゾーン」に移行するかもしれないという不安を多くのぱちんこ業界関係者が共有しはじめたのだ。しかしこのとき、意外にも愛知県警に異を唱えたのは警察庁であった。

このときのことに詳しい愛知県警関係者によると「警察庁はそんなつもりで法改正したんじゃないと、すごい剣幕だった」とのこと。つまり「釘調整で営業許可を取り消し処分にするための法改正ではない」と愛知県警の方針にダメ出しをしたのだ。つまり「11ミリ下、13ミリ上でも営業許可取り消し処分にするべきではない」という考えを示したのである（愛知県の事例は11ミリ下の釘調整）。

結局愛知県警はこの店に対して、第八条による営業許可取り消し処分を断念。営業停止命令で済ませた。

遊技機の検査機関・保安電子通信技術協会

釘調整の是非については、２００６年の法改正から議論が勃発したわけではない。釘調整についての議論は古くから「重要懸案事項」としてぱちんこ業界には存在しており、だからこそ本章冒頭の発言にもつながるのである。そこに法改正があって「釘調整＝営業許可取り消し」となりそうな事態が愛知県であった。愛知県警が乗り気だった「釘調整をブラックゾーンへ」という事案をひっくり返したのは意外にも警察庁である。じゃあ、現在は釘調整をめぐってどのような状況になっているのか。

これがまたヤヤコシイ。現在、警察庁は「釘そのものをぱちんこ遊技機からなくすべきだ」という考えを検討している段階である。

釘調整をブラックゾーンに落とそうとした愛知県警にダメ出しをした警察庁が、なんで今さら釘そのものをなくそうと検討するのか。これは遊技機の許可手続きを先に解説しておかないと理解はできない。

遊技機というのは「検定制度」によって、規制されている。この検定というのは「遊技機メーカーが各都道府県の公安委員会（実務は各警察本部）から型式について受けるもの」だ。そして遊技機をぱちんこ店に納品、設置するためには「検定を受けた型式に属する遊技機です」というお墨付きを遊技機メーカーから示してもらう必要がある。具体的には保証書を遊技機メーカーが発行し、それをぱちんこ営業者が警察本部に届け出てはじめて新台入れ替えが許される（変更承認）というのが風営法に基づいた今の行政手続きである。

この「検定」について、公安委員会も警察本部も実は判断しない。コンピューター化が進んだ現在の遊技機について、専用の検査機器や技術者がいないと是非の判断ができないくらいハイテク化が進んでいるからである。

検定の是非を判断するのは、保安電子通信技術協会（保通協）という財団法人だ。警察庁の外郭団体である保通協は、もともとは信号機などの技術研究財団であった。ところが、1985年に「風俗営業取締法」が「風俗営業適正化法（略）」に改正された際に創設された「検定制度」の「検査機関」となったのである。

国家公安委員会から遊技機試験および型式試験の「指定試験機関」の指定を受けた保通協は、検定については「型式試験」によって検査する。遊技機メーカーは東京・錦糸町にある保通協に、これから販売したい新台を添付書類（諸元表等）とともに持ち込み、この試験に適合したときだけ全国の警察本部に検定申請することになっている。警察本部は型式試験結果書謄本（適合謄本）の写しを受け取り、他の書類等に問題がなければ公安委員会に検定を出させる。これが遊技機の許認可に関する手続きである。

なお、保通協の型式試験は警察庁が完全に掌握している。要するに「本当は国家公安委員会（実質警察庁）がやるべき仕事を保通協に委託している」状態である。現在の警察庁では生活安全局保安課に所属する理系の官僚（技官）が専門に担当する。彼らは全ての型式試験に関する保通協のデータをチェックし、必要に応じて型式試験の適合・不適合のジャッジも行う。

「我々は釘調整を行っていません」

時を2004年の改正検定規則施行の頃に移す。このとき、警察庁とぱちんこメーカー組合の日工組との間で、釘調整をめぐって深刻なやりとりが発生した。

以下にやりとりの要約を示そう。

警察庁「オマエたちは釘調整をしているのか」

日工組「我々は過去、現在、未来ともに釘調整を行っていません」

これだけでは何のことかわからないと思うが、このやりとりはぱちんこ業界にかなり大きな影響を与えることになった。そしてその影響は現在まで続いている。

解説しておこう。まず警察庁は2004年にリリースされたぱちんこの新台各機種について、かなり問題視をしていた。それは「ギャンブル性が高すぎるのではないか」というものである。

２００4年の改正検定規則は、そもそもパチスロ4号機のギャンブル性の高さの問題を解決することに主眼を置いてなされたものである。第3章で詳述するが、当時「爆裂機」とまで言われて一日最大で１００万円相当以上のメダルを得ることができたパチスロをいかにして規制するか、という改正であった。この改正内容は警察庁の官僚が作成したもので、国家公安委員会がそれを認めた国家公安委員会規則である。

この改正では、ぱちんこが規制緩和となった。しかし私が直接聞いたところでは、警察庁の担当官僚（当時）が言うには「ぱちんこと回胴式遊技機（パチスロ）とでバランスを合わせた」だけという認識である。

それが、改正検定規則施行直後から、ぱちんこのギャンブル性が問題になったのだ。事実、ぱちんこのギャンブル性はこの頃から現在に至るまで急激に高まっている（第4章）。

これがパチスロ爆裂機の頃は、その原因がはっきりしており「サブ基板」と呼ばれた型式試験の検査対象外の基板にギャンブル性の高い性能を隠したわけだ。だから、２００4年以降から現在までサブ基板に高いギャンブル性を仕込めないような規則になっている。

そして、ぱちんこの場合の原因がはっきりしない。というのも、ぱちんこにもパチスロと同じように「型式試験の検査対象外であるサブ基板」は存在しているが、技術的にこのサブ基板にギャンブル性を仕込むことが不可能だからである（ぱちんこの場合は液晶等を制御して大当たりか外れかなどの役物表示を制御するだけ）。

そこで原因として警察庁が疑ったのが「釘調整」となった。「保通協の型式試験データをチェックしなおしても問題はない。型式試験の際に問題がなくてぱちんこ店現場で問題があるということは、釘調整以外に考えられない」との理屈である。これは実は正鵠《せいこく》を射ているのだが、同時に問題を難しくした。なぜなら釘調整はグレーゾーンだからだ。

まず、警察庁は爆裂機問題の反省から遊技機メーカーに指導を開始する（ただし、警察庁はどんなマスコミの取材に対しても「遊技機メーカーへの指導」という言葉を否定する。というのも、遊技機メーカーは風俗営業者ではないため、検定対象ではあるが直接所管する立場にないという建前を取るからだ）。ぱちんこの場合はメーカー組合である日工組が対象となった。日工組は（過去ほんの少しの例外はあるが）「全てのぱちんこメーカーが加盟する組合」だからである。

その日工組に「釘調整で出玉性能を変えていないか」と質したわけだ。それが先ほどのやりとりの本質である。

そして釘がなくなる説の今

このとき、日工組はかなり焦った。というのも、ぱちんこ店現場でメーカー営業マンやメーカー代理店が釘調整を行うのは一般的だったからだ。しかし、日工組は爆裂機問題の帰結を既に知っている。3型式が検定取消し処分となり、5号機時代にパチスロメーカーが深刻な販売不振に陥ることも当時予測していたのだ。

「メーカーによる新台納品時の釘調整を認めたら、警察庁がどう動くかわからない」という危惧がそこにあった。だからこそ日工組は「過去、現在、未来」の全てで釘調整を否定したのである。

困ったのは、全国に存在するぱちんこ店。彼らは日々釘調整を行って出玉率をコントロールして商売している。しかし、一番はじめの調整はメーカーにやってもらうことが当然だった。その新台が「どのような性能か」をぱちんこメーカーはあらかじめぱちんこ店に詳細までアナウンスしない。出玉性能のわからない遊技機の釘調整を行うのは、当たり前だが大変に難しい。

しかし、この警察庁と日工組のやりとり以降、本当にメーカーは納品時の釘調整を放棄した。メーカーの代理店はメーカーの意向に逆らうと遊技機を卸してもらえなくなるので、同じく釘調整を放棄した。ここに「ぱちんこ店がはじめから釘調整を全て行う」カルチャーが誕生する。そして読者にとっては意外かもしれないが、これがキッカケで「むちゃな釘調整」が頻発するようになっていくのである。

昨今、ぱちんこ店の「高値売り（＝釘が閉まっている）」の度合いが酷い。スタートは回らず、集客力も減退傾向である。それは「遊技機の販売価格が高騰しているから、その分の粗利益を確保するために仕方がない」こととして、全国のぱちんこ営業者は理解しているのだが、実はその傾向はこのときを境にして始まっているのだ。

どういうことかと言うと、このときから「基準を知らずに釘調整の全てをしなければならない」こととなった。遊技機は設計値的に「甘い（出玉率高め）」「辛い（出玉率低め）」とマチマチである。メーカーは一応はシミュレーションデータを持っているが、この当時はそれすら「釘調整を示唆する」ということで控えられた（後にこれは復活して現在に至る）。基準がわからない釘調整を行うためには「赤字」を避ける傾向が強まるということである。この結果、新台入れ替えで「出さない」店が増えつづけてきた。10年ほど前なら「新台入れ替え初日で出さなければ（出る釘調整でなければ）メーカー担当者がぱちんこ店に怒られた」というカルチャーが「新台入れ替え初日で出ないことが当たり前」になったのである。これは現在のぱちんこファンなら痛感している傾向である。

さて、釘がなくなるという本質の問題だが、これは今まで触れたことが関係している。要するに「型式試験の検査では出玉性能が問題ないのに、ぱちんこ店の現場では明らかに問題な出玉性能になっている」ことの原因を警察庁はメーカーに求め、メーカーはその責任を「ぱちんこ店の釘調整」に転嫁したわけだ。

この責任転嫁の事態の最中に2006年の風営法改正と釘調整による営業許可取り消し処分をめぐる愛知県の事例が発生したのである。警察庁は愛知県警の「釘調整をブラックゾーンへ」という方針を否定した。つまり、釘調整をある意味では容認したのである。

この分裂症ともいえる警察庁の判断。片や「釘調整」を問題視して日工組に指導、片や「釘調整で第八条取り消し処分はするな」という姿勢。この二律背反のためにこの問題が放置されつづけており、その結果、ぱちんこのギャンブル性は高止まりのままである。

後に、警察庁と日工組の攻防は釘調整とは別の側面に発展した。それは4章に詳述するが、以上のことが考慮されて「こんなことならぱちんこ遊技機から釘そのものをなくしてしまえばいい」という検討が警察庁内で始まったというわけである。

警察庁が黙認しつづけた「釘調整」が、ぱちんこのギャンブル性を理由に「消滅の危機に瀕している」のが現在の本当の姿である。

換金行為のグレーゾーン

換金と暴力団排除の軋轢と金地金

突然だが、換金行為を媒介する特殊景品で一般的なものと言えば「金地金」である。これがなぜ一般的かと言えば「東京都の仕組み」であるのと同時に「警視庁、後に警察庁も金地金を後押しした」からだ。

このことは、ぱちんこの「換金行為グレーゾーン」を考える上で、実に多くの問題を示唆した。

まず、現行の風営法の「換金行為禁止」の規定を見てみよう。

※風営法抜粋

（遊技場営業者の禁止行為）
第二十三条　第二条第一項第七号の営業（ぱちんこ屋その他政令で定めるものに限る。）を営む者は、前条の規定によるほか、その営業に関し、次に掲げる行為をしてはならない。
一　現金又は有価証券を賞品として提供すること。
二　客に提供した賞品を買い取ること。

右記のとおり換金行為の禁止をしている。

ぱちんこ店が「客に有価証券を賞品提供してはいけない（賞品とは景品の法律上の正式名称）」のであるが「金地金」はＯＫなのである。

なぜか。それは警察庁が定めた風営法解釈基準にこうあるからだ。

※風営法解釈基準抜粋

第16　風俗営業の規制について

9　遊技場営業者の禁止行為

法第23条第1項第1号の有価証券には、金地金は含まない。

「オカネ」の語源である「金」が「現金又は有価証券」には当たらないのである。それだと、ぱちんこ店における換金行為規制は「ザル規制」になるおそれはないのか。

結論を言うと、これは警視庁の苦肉の策だった。その目的は「暴力団排除」である。

大阪方式の換金行為を第1章で紹介したが、これは全国的なモデルとなっている。そしてこのモデルは「三店方式」と呼ばれた。これについて、警察が特に関心があるテーマは三店方式による暴力団排除というものである。

ぱちんこ店の換金行為からの暴力団排除。これは今でこそほとんど進んだのだが、なかなか進まなかった地域もあった。それこそ「暴力団のシノギ」を「ぱちんこ店側が拒否する」という構図である。場合によっては刃傷沙汰やドンパチまで誘発しかねない。

東京都の場合、ぱちんこ換金行為の暴力団排除はかなり遅れた。金地金の登場は１９９0年代になってからのことである。

既に時代は単純に「暴力団排除」の建前だけでなんでもアリではなかった。換金行為の媒介物である特殊景品の内容にも注文がついていた。「この景品がなんでこれだけの価値があるのか」と換金の際の交換出玉との比較もぱちんこ業界内で問題になっていた時代である。これは風営法関連法令に等価交換の義務が規定されているためだ。出玉を景品に交換するときは「その出玉を借りるときと等価相当の物品」という提供義務である。

警視庁は苦労した。まさか間違っても「オマエらの換金行為の仕組みを改善しろ」とは言えない。言えば「換金行為そのものを認めた」という前例になる。しかし、何もしないわけにはいかない。なんといっても日本の首都なのである。都内のぱちんこ換金行為に暴力団が関与している疑いは強い。ぱちんこ店が直接換金に及ぶ「自家買い（客に提供した賞品を買い取ること）」も少ないが散見されていた。既に大阪方式に遅れること30年。さすがに風営法の規定を考えると、このままではいけないのは白明である。そこで警視庁は腹案をひそかに持ち、ある行動に出た。それは換金行為関係（風営法第二十三条違反関係）

でのぱちんこ店の摘発である。都内の数店舗がまずその対象となった。

これによって、東京都のぱちんこ店は大いに揺れた。「暴力団排除を目指しながら、換金行為を維持する方法はないのか」と模索する者、あるいは「警視庁はたまにこういう強硬姿勢を見せるが、じきに収まるから心配ない」と楽観論を唱える者、あるいは「何がなんでも改革しなければならない。たとえ反対論者を排除してでも」と既存の換金行為の仕組みを激変させることを主張する者、等々で東京都のぱちんこ店組合である東京都遊協（連）は丁々発止の嵐となった。

大阪方式が風穴を開け、東京方式が補強した

結論から言うと、東京都は「既存の換金行為の仕組みを激変させること」を選択した。その際に登場した特殊景品が「金地金」だったのである。

当時、警視庁は「特殊景品を何にするか」という相談を組合側から持ちかけてくるのを待っていた。まさか警視庁から「コレにしなさい」とは言えない。当時の警視庁優先順位の筆頭は「ぱちんこ換金行為からの暴力団排除」である。しかし、それに資するからとい

東京都の金地金景品（特殊景品）。

って警視庁が主導して、ぱちんこ換金行為の改善など風営法の建前上は不可能である。

　組合は最終的には「金地金を賞品（景品）とすることについて」警視庁に打診した。そして、当時の警視庁担当官の腹案も全く同じく「金地金」だったのだ。このことはぱちんこ業界内では「偶然の一致」とみなされた（これが偶然だったのかどうか、事実関係は私にはわからないままである）。なお、当時の担当官は「金地金以外にはあり得ない」とまで考えていたという。

　このことはしかし大きなカケであった。警視庁は風営法を所管する立場にはいない。所管するのはあくまでも警察庁である。警視庁の独断ともいえるこの判断を、警察庁はどう考えるか。あるいは警視庁の判断に倣うことが多い関東の他の警察本部に波及した際に警察庁はそれを認めるのか否か。

その懸念が払拭されないまま、東京都では金地金による三店方式がスタートした。東京都内のぱちんこ店の特殊景品を買い取る窓口が「ＴＵＣショップ」となったのも、このときからである。

ともかく危うい状態から始まった東京都の換金行為改革は、しかし暴力団排除には確実につながった。もちろん軋轢はあったが、このときは組合側が「覚悟の対立」を選択したということである。警察庁もはじめは静観していた。

金地金＋ＴＵＣという東京方式は、普及にも苦心した。結局東京都は「換金行為の仕組みの改革」を選択したわけだが、これに反対したぱちんこ営業者も多かったのである。ただし、組合が「大分裂する」という危機は去った（一部は脱会したり組合費をめぐるトラブルにまで発展した）。そして、少しずつであるが、警視庁の「暴力団排除の本気さ」を肌で感じたぱちんこ営業者が次々に金地金＋ＴＵＣという東京方式を採用していった。現在ではまだ１００％の普及率ではないが、単組レベルで「ＴＵＣ加盟ぱちんこ営業者０軒」という事態は解消された。すなわち「どの地域のぱちんこ店にも、買取所としてＴＵＣシヨップが存在する」という状況にまで漕ぎ着けたのである。

現在の全日遊連の原田理事長は、東京方式をめぐる金地金の攻防の頃から東京都遊協の理事長として今に至る。全日遊連の総会当日に山田理事長（当時）の関係店舗に立入りがなされて無承認変更が発覚してその後「山田氏vs.原田氏」という全日遊連の理事長選挙攻防に発展したことは第１章で触れたが、このとき反警察的ベクトルに近い「親山田」派と対立した「親警察」的ベクトルに近い理事連中が「なぜ親原田派になったのか」ということは、この東京方式にも密接に関係する。というのも、警察庁は最終的に先に紹介したように、風営法解釈基準で「金地金はＯＫ」としたからである。原田氏は対警察案件の実績が豊富なのだ。

警視庁と東京のぱちんこ営業者が、警察庁を「換金に関する事例」で動かした、異例の、そしてぱちんこ業界関係者にとっては「記念すべき」前例の誕生である。大阪方式が風穴を開け、東京方式がそれを補強した。金地金を特殊景品として採用していない地域はまだ多いのだが、少しずつ金地金採用例が増えているのが現状である。

三店方式について（ぱちんこ業界レート）

風営法第二十三条の換金禁止規定は、要約すると、

「客に現金や有価証券は提供してはいけない」
「客に提供したものをぱちんこ店が買い取ってはいけない」

ということである。もちろん金地金は提供してもいい例外である。警察庁は金地金を「有価証券ではない」としたからだ。

これだと実は法律論上変である。というのも「風営法の違法性を阻却するために行うのであれば、三店方式の必要性がない」からだ。なんとすれば二店で十分なのである。なお、二店とは「ぱちんこ店と景品買取所」だけである。

ここで図2を見ていただきたい。この場合だと、ぱちんこ店の特殊景品をめぐる取引は「客に賞品（景品）提供する」ことと「景品買取所から仕入れる」ということだけになる。

図2●●二店方式の換金行為関係図

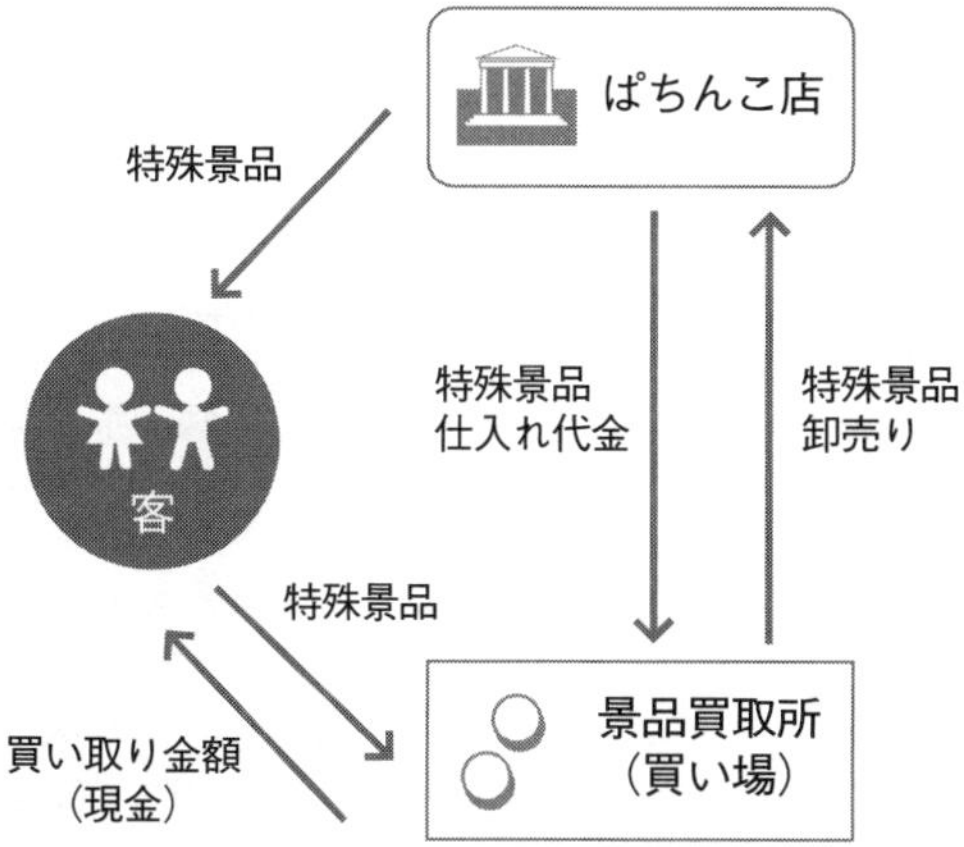

このふたつとも風営法第二十三条には直接抵触しない。先ほど「二店で十分」としたのは、こういうことなのだ。

ではなぜ「三店方式なのか」。それは各都道府県条例の規制が原因だ。

実は各都道府県条例において「賞品の買い取らせ禁止規定」が存在する。そして、二店だと「景品買取所に買い取らせている」とみなせるのだ。

条例の名称はさまざまだが「風営法施行条例」という名称が多い。この中に「客に提供した賞品を買い取らせないこと（東京都の風営法施行条例の場合）」という規定があるから、景品買取所とぱちんこ店とを「無関係」にする必要があるというわけだ。

図3●●三店方式の換金行為関係図

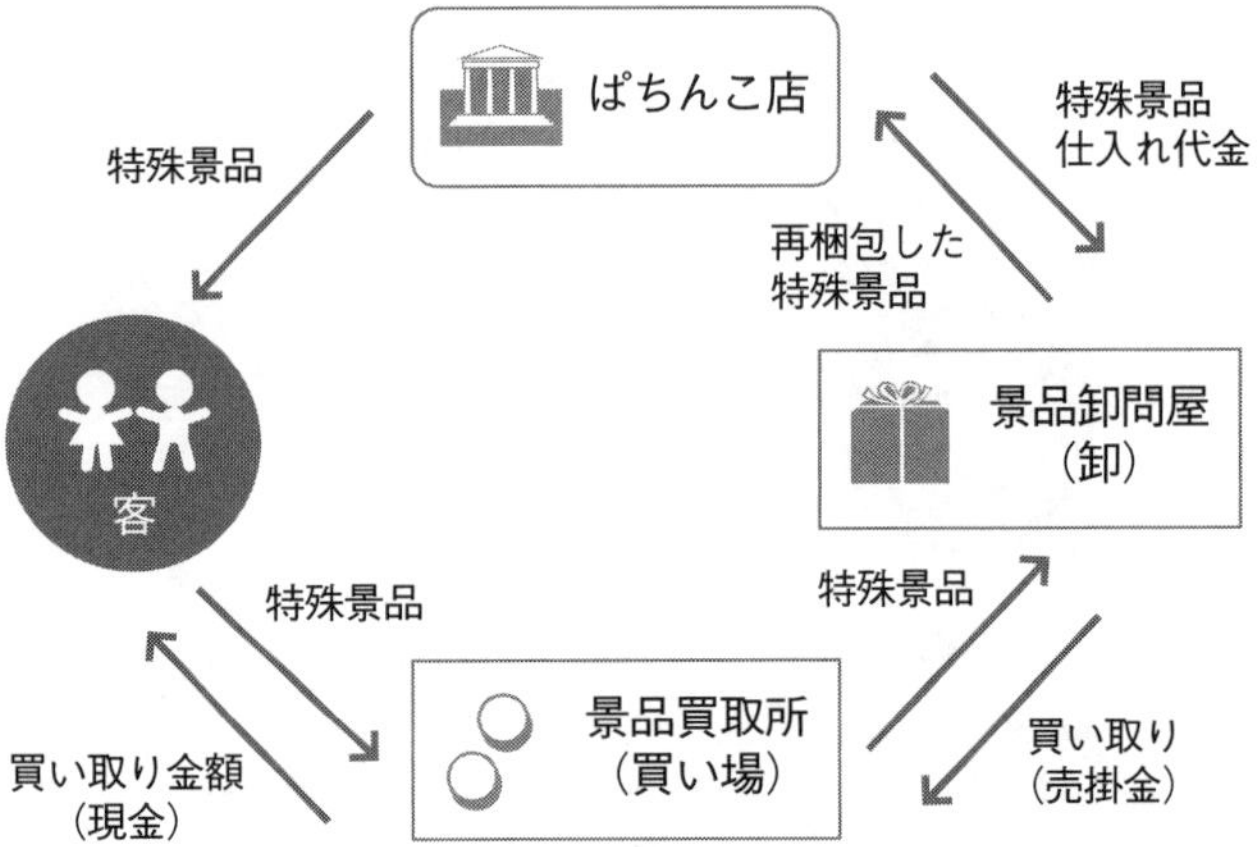

そこでもうひとつの店舗を用意することになった。それを「景品卸問屋」とするのがぱちんこ業界の「三店方式」の実態である。

ここで図3を見ていただきたい。これだとぱちんこ店は景品買取所とは「何の取引もしていない」関係になる。ゆえに「買い取らせ禁止規定に抵触しない」ということが言え、結果的に「三店方式は違法性を阻却した」という立場を取ることができるのだ。

ただし、問題もある。それは「三店方式すら完全に確立していない換金行為の仕組みが存在する」ということだ。これはどういうことか。

単発的に事件化する「自家買い（客に提供した賞品を直接ぱちんこ店が買い取る違法行

為）」とは明らかに違う。自家買いはたまに発覚するし、最近でも2010年に東京都日野市のぱちんこ店（愛知県名古屋市の法人が経営する店舗）が自家買い容疑で書類送検されたが、これは純粋に違法行為である。

ここでいう問題は「一見すると三店方式に見えるが、実態は三店方式ではない」というもの。図3の構図は三店方式の建前図である。たとえば「書類上は取引を発生させお金の流れもあるが、運送の手間・コストもあり、再梱包の必要性がない特殊景品を景品買取所が直接ぱちんこ店に納品（還流）したらどうなるか」という話である。たとえば、特殊景品の流通過程で「手数料」というのが発生するが、その負担はぱちんこ店が担う仕組みが一般的だ（愛知県など、一部でこれを客負担とする試みが始まってはいる）。その負担が景品買取所にかかわるなら「買い取らせ禁止規定に抵触する」可能性が浮上する。

この問題は、全日遊連としてもかなり重要事項としてずっと対策検討が繰り返されている。全日遊連の傘下組織である全国51都道府県方面遊協（47都道府県だが、北海道だけ方面遊協に分かれるため51遊協となる）における、換金行為の実態調査なども行われてきた。問題のある遊協地域には、研修など、早期に問題解決を図るように指導も行っている。

ともあれ、換金行為に関してのぱちんこ業界の立場は極めてはっきりしている。それは

「三店方式が確立されていればセーフ」「三店方式が確立されていなければ問題なので早急に確立するべき」という立ち位置だ。

え？　なにやら違和感がある？　それはそのとおりだ。実は一般社会はこの立場を容認しているわけではないからだ。

三店方式について（一般社会レート）

結論から言うと「三店方式は違法だ」と考える層がかなり多いということ。それが顕著に表れるのは「ぱちんこ店経営企業の株式上場問題」である。

市場を問わず、過去、なんどもぱちんこ企業の上場申請はあった。そのたびに問題となったのは「換金行為に依存したビジネスモデルであるぱちんこ店だが、その換金行為に法的整合性があるのか」ということである。市場はぱちんこ企業の上場申請があれば所管省庁である警察庁にこの点を確認する。しかし警察庁は「(三店方式について）ただちに違法だとは言えない」としか言わない。これはマスコミ取材であれ国会答弁であれ同じだ。

つまり「三店方式の換金行為の仕組みだから合法だ」とは絶対に担保してくれないわけだ。

株式市場は広く開かれたもの。企業の情報公開義務などは「投資家が適切な判断を可能にするため」に設けられている。しかし、ぱちんこ店は「換金行為が合法なのか違法なのか警察庁すらはっきり明言しない」のだ。これでは市場運営会社が持つ最も重要な義務である投資家保護が果たせない。ゆえに「ぱちんこ企業は上場NG」となるのである。

現在、遊技機メーカー企業が数多く上場している。平和、SANKYO、セガサミーホールディングス、ユニバーサルエンターテインメント等、数え上げればキリがない。また遊技機販売業者もフィールズが上場している。ぱちんこ関連設備業者としてはダイコク電機、マースエンジニアリング、日本ゲームカードなども上場企業だ。

彼らに共通するのは「ぱちんこ店ではない」ということ。つまりぱちんこ店だけが「換金行為というグレーゾーンのために上場できない」のである。ぱちんこ業界そのものに上場に対する壁はないのだ。

「三店方式による換金行為が違法」という論拠には、主なところで「刑法（賭博）との関連」と「景品の還流」というものがある。

刑法で関係するのは、

※刑法抜粋

（賭博）
第百八十五条　賭博をした者は、五十万円以下の罰金又は科料に処する。ただし、一時の娯楽に供する物を賭けたにとどまるときは、この限りでない。

（常習賭博及び賭博場開張等図利）
第百八十六条　常習として賭博をした者は、三年以下の懲役に処する。
2　賭博場を開帳し、又は博徒を結合して利益を図った者は、三月以上五年以下の懲役に処する。

という賭博に関する部分である。ぱちんこが「賭博か否か」という話だ。
これは法律論としてはヤヤコシイ。風営法関連も含めていくつか紹介しよう。

「一時の娯楽論」

「ぱちんこは風営法という枠内でギャンブル性の上限が定められており、一時の娯楽である」と考えれば賭博には当たらない。しかしそのギャンブル性の上限は、今まで述べたように「釘調整（ぱちんこ）」や「サブ基板（パチスロ）」にて、ぱちんこ店現場で実際に引き上げられている事例が多数あるため、この方便もちょっと強引な印象がある。なお、「ぱちんこは明らかに一時の娯楽ではない」と考えることによって、この論旨は「ぱちんこ＝賭博」という様相に反転する。

「風営法は特別法論」

刑法には「犯罪の不成立及び刑の減免」という規定がある。正当防衛や心神喪失者、緊急避難の場合に無罪になるというケースが広く知られている。

ここに以下の規定がある。

※刑法抜粋

（正当行為）

第三十五条　法令又は正当な業務による行為は、罰しない。

さて、ぱちんこ店は風営法に基づいて、公安委員会（実際は警察）から営業許可を受けて営業している。常に風営法のさまざまな規制のもとで営業しているわけだ。三店方式が風営法の違法性を阻却していたとすると、三店方式は「法令又は正当な業務による行為」に該当するかもしれない、というのがこの論旨である。

今のところこの論旨を積極的に展開する法曹界関係者は少なく、あっても「このような考え方が成立するかどうか」という論旨になりやすい。なお、この論旨はぱちんこ業界関係者もほとんど採用しないものである。

「三店方式はそもそも風営法違反論」

風営法第二十三条の「現金・有価証券提供禁止規定」「提供賞品の買い取り禁止規定」および各都道府県条例の「買い取らせ禁止規定」というのは、字面ではなく本質的には「ぱちんこ店による換金行為そのものを禁止させるために規定された」と考えることが可能だ。その意味では「換金行為そのものが広く実態としてある以上、そもそも風営法違反」

という論旨がこれである。

この論旨は法曹界関係者にも広く支持されている。しかし、警察庁は常に「(三店方式について) ただちに違法だとは言えない」と繰り返すのみである。所管省庁がこの論旨に消極的ゆえにこの論旨の支持者は弁護士を中心にとても多いのだが「三店方式が違法だ」という判例等の前例はない。

「還流すれば実質関係者論」

特殊景品というのは、どの地域でも「モノ」と「梱包材」とでできている。たとえば東京方式でも金地金が裸で取引されているわけではなくて「梱包された状態」で取引されている。これは「特殊景品が日常生活の用に供されるわけではない」ということを意味しかねない。わかりやすく言うと「どうせ同じ状態でぱちんこ店に還流されるだけ」ということだ。特殊景品が還流している以上、三店に分散したとはいえ「特殊景品を買い取っている」「特殊景品を買い取らせている」ということと同じだ、つまりは風営法違反だ、という論旨である。

これはある意味でそのとおりであり、ぱちんこ店は三店方式を採用したところで、客に提供した特殊景品のほとんどを再び取り扱う立場にある。仕組みとしては「店舗で完全に還流する」というケースは少なく、卸問屋などを介して「地域全体で還流しあう」ということなのだが、これについては是非判断について古くからふたつある。

ひとつは「1店舗で完全に還流するならアウト」というもの。その店舗にとっては「特殊景品の買い取り」「特殊景品の買い取らせ」と「全く同じ」という理屈だ。これはぱちんこ業界内でもある程度共有されている論旨であり、だからこそ1店舗の還流ケースは少ないのである。

もうひとつは「全体で還流しているのであれば、1店舗で完全に還流するよりはマシ」という立場。ただしこれには反論もあって「1店舗で還流させるよりも全体で還流させる方が、組織的ゆえに悪質ではないか」というもの。これについて、ぱちんこ業界内で明確なコンセンサスはないが、三店方式の仕組みのほとんどが「全体で還流させる」方向であることから、ぱちんこ業界は「全体で還流させているのでマシ」という立場であるといえる。

この還流議論は古くからあって、たとえば対応策もある。それは「還流させないような特殊景品があればマシになる」というもの。しかし換金媒介物の条件として「保存・保管が利くもの」というのは譲れないから食品などは難しい。ということで、じゃあCD等のソフトはどうだ、というような試みが一部で見られている。ソフトなら「客が直接利用するだろう」という理屈である。

余談だが、東京都が金地金を選択するまで苦心したのは、この還流の問題にも関係していた。警視庁と組合のギリギリのコンセンサスは「金地金は保管して価値があるもの」だから、還流性の問題がマシになるという思惑がどうやらあったらしいのである。

実際には、本当に還流性がマシになる時期というのがあった。それは「金価格が暴騰したとき」である。TUCショップの買い取り額を上回る時価相場になった場合は、客は「ぱちんこ店で玉を借りるだけ借りて、遊技をせずに特殊景品に交換して、金地金商に買い取らせる」ことで利益が発生するからだ。

中東情勢が緊迫化して金相場が暴騰した局面で、これは都内のぱちんこ店にとって深刻な問題となった。実際に時価相場が買い取り額を上回った時期があったのである。こうなると還流していたはずの金地金特殊景品がものすごい勢いで減っていくおそれがある（既にかなり減ったという指摘もあった）。ある程度確立した換金媒介物がなくなれば、ぱちんこ店から換金行為が消える。そうなれば商売が成立しない。そこで、最終的には梱包材の隅っこに識別用の特殊シールを貼付して、ＴＵＣショップの買い取り額を引き上げてこれに対抗した。

なお、この相場と買い取り額とのギャップという問題は、今後も引きつづき発生する可能性がある。皮肉にも「たしかに還流性がマシになる側面を見せたことによって、ぱちんこ店側が混乱する」という事態を生んでいるのだ。

換金行為に関する法律論は、以上のようにかなりヤヤコシイ問題である。そして、一般的には「（限りなく違法に近い）グレーゾーン」と認識されていると思う。

換金合法化とカジノ法制化

ぱちんこ企業の上場を可能にする換金合法化

ヤヤコシイ法律論を展開するよりは「いっそのこと本当にぱちんこの換金行為を合法化させてはどうか」という議論が民主党娯楽産業健全育成研究会（娯産研）という議員連盟から提出されたのは最近のことだ。２００５年に娯産研は「遊技場営業の規制及び業務の適正化等に関する法律案」の大綱を正式に発表した。この大綱の柱は「ぱちんこの換金行為を合法化する（直接換金、指定業者による合法三店方式などに案が分かれる）」ことと「ぱちんこ営業の所管を警察庁から経済産業省に移す」ということの2本だ。

これに最も面食らったのは、他でもない警察庁である。警察庁のぱちんこ所管担当官（当時）は、あるぱちんこ業界団体の会合に来賓した際にこの大綱について触れ「○○が上場したいからといって、国会議員を動かして法律案を発表させるなどケシカラン」と激高したという（その会合の出席者の証言）。なお、この「○○」とは、席上では完全にぱちんこ企業を名指ししていた。その名指しされたぱちんこ企業は、たしかに換金合法化を主張していたし上場を目指すことも公言していた。さらには、娯産研関係議員のパーティー券の購入等にも協力していたことがわかっている。

警察庁にしてみれば、ぱちんこ所管は「巨大利権」といってもいい。警察のぱちんこ利権としては「CR化（プリペイドカード方式）」「天下り」「型式試験（保通協そのものが警察庁の外郭団体)」など多数あるわけで、それを手放せという法律案に反対するのは、庁益に基づく一般的な役所の反応である。

よく誤解されているが、ぱちんこ営業者の多くは「換金合法化」に反対の立場だ。いや、本質的には「いずれ合法化されればいい」という思いは共通しているのだが、娯産研をキッカケにすれば営業者の多くは「換金合法化反対」なのである。

なぜか。換金合法化は「ぱちんこ企業の上場を可能にする」からだ。

現在、ぱちんこ企業の最大手はマルハンだ。和田アキ子が登場しているテレビCMを見たことがある読者は多いだろう。そして、ここの連結売上は現在2兆円を超える(2010年3月期決算)。売上額的には超巨大企業である。上場に積極的でもある。ただし同社は先ほど名指しされた○○ではない。

一方、ぱちんこ店の軒数は軒並み減少しているのが現状である。ここで図4を見てほしい。これは警察庁が発表した「平成21年中における風俗関係事犯等について」という統計資料だ。ここにぱちんこ店の軒数の推移が記されている。これによると、この4年間で2500軒ほどぱちんこ店が減少しているのだ。

ぱちんこ店は、かつてないくらい「大手台頭」「中小廃業」の波にのまれている。たとえるなら、ちょうど大手家電量販店の台頭が町の電器店を壊滅させたような状況に近い。つまり「優勝劣敗」「過当競争」の時代に突入しているのである。

店舗数は減っているが、1店舗当たりの遊技機設置台数は増加の一途をたどっている（図5）。これはつまり「中小店舗が廃業して、大手の大型店舗が新規出店している」という流れを意味している。

つまり「換金合法化となって大手ぱちんこ企業が上場していけば、さらに優勝劣敗が加速して、中小ぱちんこ企業は生き残れない」という懸念が強くあるのだ。

大手ぱちんこ企業は200店舗でも「1営業者」である。1店舗のぱちんこ企業でも「1営業者」なのだから、ぱちんこ営業者の間で「換金合法化反対が多い」のは実は当たり前のことでもある。

つまり「娯産研と上場したいぱちんこ営業者」が「換金合法化」に向かい「警察庁と大手ぱちんこ企業に上場させたくないぱちんこ営業者」がそれに反発するという構図となったわけだ。娯産研も野党時代にいきなり法律案大綱を発表するという荒業に出た。ぱちんこ業界関係者は、今でもこの踏み絵で鮮明に立場が分かれている。

図4●●ぱちんこ店の軒数推移

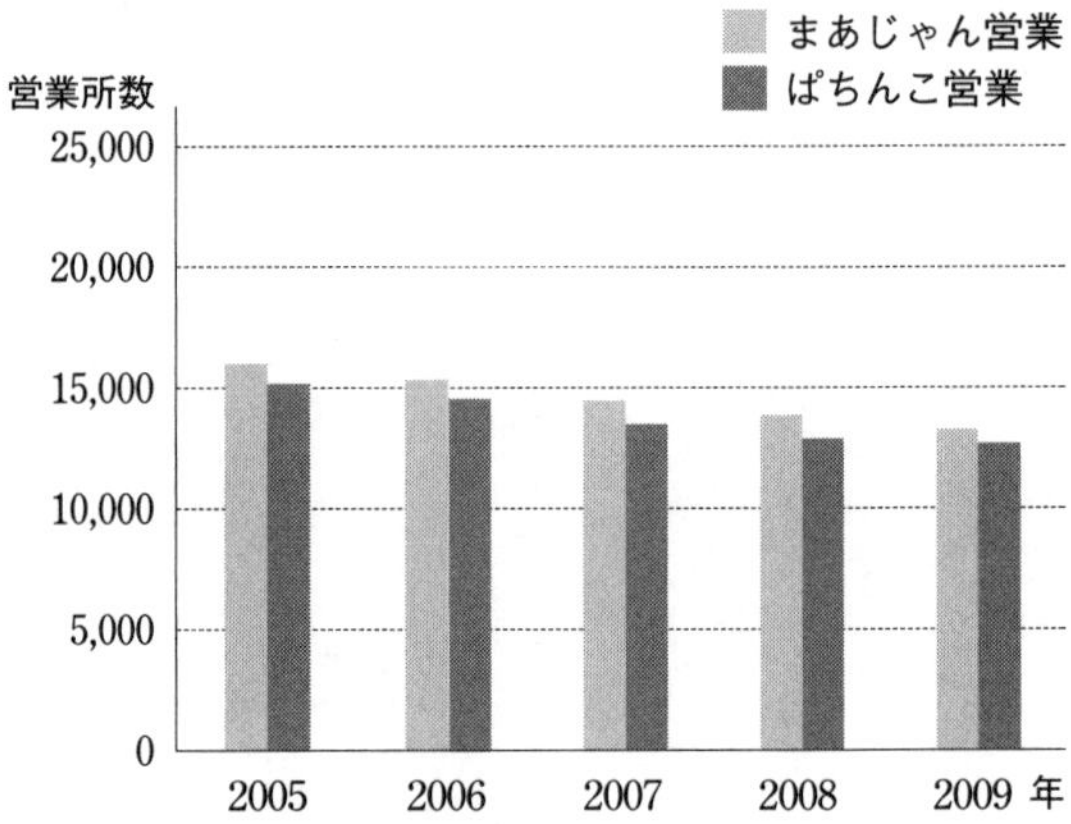

	2005	2006	2007	2008	2009
まあじゃん営業	16,030	15,247	14,555	13,920	13,343
ぱちんこ営業	**15,165**	**14,674**	**13,585**	**12,937**	**12,652**
ぱちんこ遊技機設置店	13,163	12,588	12,039	11,800	11,722
回胴式遊技機等設置店	2,002	2,086	1,546	1,137	930
その他	122	116	116	117	109
合計	31,317	30,037	28,256	26,974	26,104

※警察庁の公表資料「平成21年中における風俗関係事犯等について」より作成。

図5●●遊技機の設置台数推移

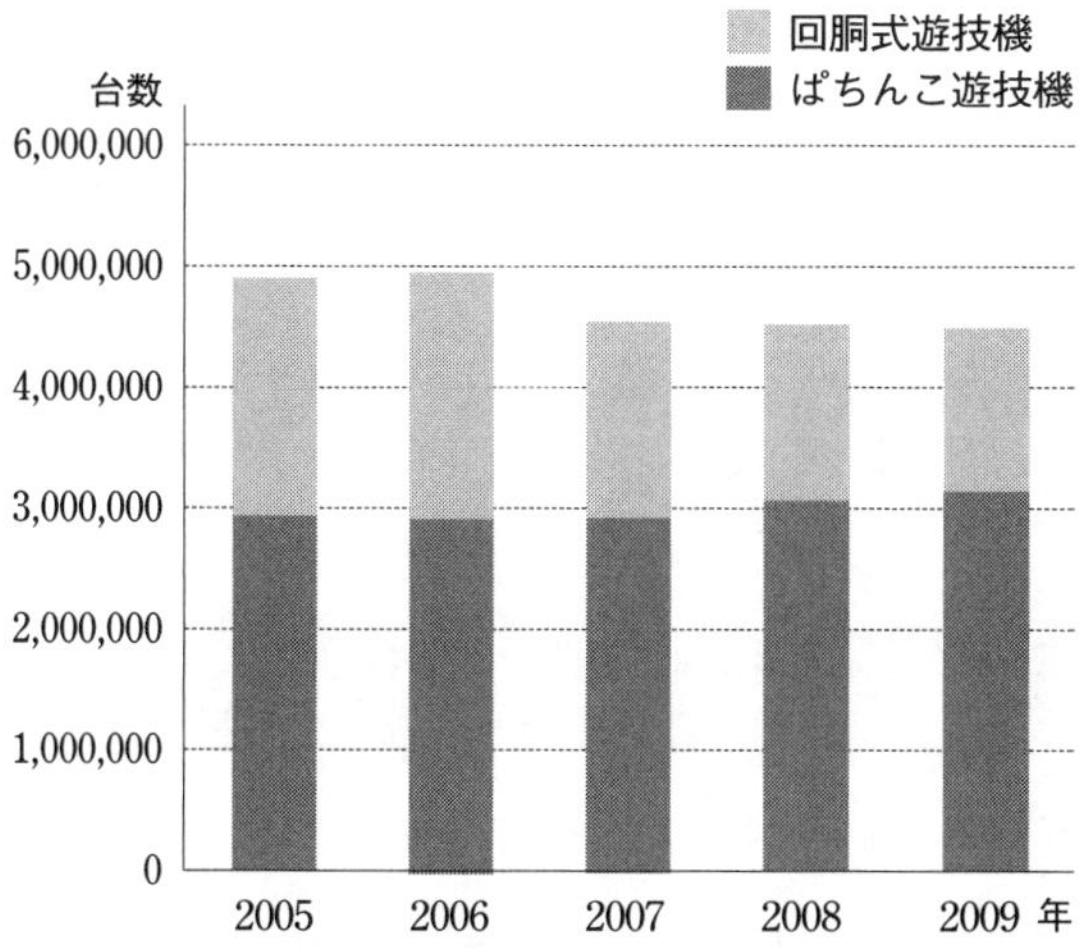

	2005	2006	2007	2008	2009
ぱちんこ遊技機	2,960,939	2,932,952	2,954,386	3,076,421	3,158,799
回胴式遊技機	1,936,470	2,003,482	1,635,860	1,448,773	1,347,176
じゃん球遊技機等	1,789	947	331	321	275
合計	4,899,198	4,937,381	4,590,577	4,525,515	4,506,250
1店舗当たりの遊技機設置台数	323.1	336.5	337.9	349.8	356.2

※警察庁の公表資料「平成21年中における風俗関係事犯等について（正誤表）」より作成。この統計は、営業許可ベースで作成されるので正確なもの。

カジノ議連と警察庁・ぱちんこ業界の構図

ところで、ぱちんこ換金合法化とは別に、もうひとつの政治案件がぱちんこ業界に影響を与えたのも同じ頃だ。それは自民党議員による「国際観光としてのカジノを考える議員連盟（カジノ議連）」による「カジノ法制化」の動きである。これがどうぱちんこ業界に影響を与えるのか。まずはカジノ議連の目指すところを解説しておく必要がある。

カジノ議連は「日本にカジノを作る」ことが目標だ。しかし、刑法には賭博を禁じる規定がある。ぱちんこ換金行為の法律論で触れた「正当行為」を新法制定によって目指すというのがカジノ議連の方法論である。

たとえば競馬、競輪、競艇。こういったギャンブルは全て合法である。専用の法律が制定されており、先ほどの正当行為が認められているからである。風営法がこれに該当するかしないか微妙なのは、正当行為のために制定された法律ではない、ということが一因としてある。

さて、日本にカジノを作るためには「カジノをやってもいい」という法律を制定する必要がある。カジノとはつまり賭博だから、ぱちんこと同じように一般社会に広く受け入れられる性質のものではない。しかし、広い目で見ると欧米諸国、アジア地域ではカジノは普通に普及している。世界最大のカジノタウンであるラスベガスをマカオはカジノ売上ベースでは超えたし、２０１０年になってからはシンガポールもカジノをスタートさせた。カジノは「世界中に存在する娯楽」なのであり、アジアはその中心地になりつつある。

カジノ議連としては「観光」という視点と「経済効果」の２つを念頭に置いている。この考えが財政危機に瀕する多くの地方自治体の支持を呼び、たとえば東京都や大阪府のように「カジノを目指すことを公言する」知事や自治体も多い。

カジノ議連はあるときは国会で、あるときは水面下で、ぱちんこの換金行為について追及を繰り返してきた。文脈はそのときどきで異なるが「なぜ、ぱちんこで換金行為が存在するのか」「三店方式は違法ではないのか」「我々は法制化をするまでカジノを作れる環境にないと考えているのに、なぜ法的整合性のないぱちんこの換金行為が許されるのか」というものが多い。そして、ここが重要だが、これらの質問は「警察庁」に向けられるわけだ。

ここで、なんども紹介した「（三店方式について）ただちに違法だとはいえない」とする警察庁の常套句というわけである。警察庁はそれ以上踏み込んだ回答を一切しない。

ここにぱちんこ換金とカジノをめぐる三つ巴の様相が成立した。かなりヤヤコシイ方程式である。

しかし、いくら踏み込んだ回答をしないとはいっても、当時は与党の議員が所属するカジノ議連の行動である。事態を重く見た警察庁は、換金とは別に「賞品（景品）に関する法令遵守の徹底」をぱちんこ営業者に指導するという行動に出た。

浮上したのは「賞品の取りそろえ義務」である。風営法施行規則第三十五条にぱちんこ店の義務として「客の多様な要望を満たすことができるよう、客が一般に日常生活の用に供すると考えられる物品のうちから、できる限り多くの種類のものを取りそろえておくこと。」という規定がある。これはつまり「できるだけ多くの一般景品をそろえておくように」ということだ。一般景品とは特殊景品に対応する俗称で、つまり「換金に関係ない賞品（景品）」を意味する。この指導の心は「一般景品が多く取りそろえられていれば、遊技客の換金需要を低減できるのでは」というなんとも甘い見通しである。

賞品取りそろえに関する警察庁の本格的な指導は２００６年のこと。これを受けて、最終的に全日遊連は賞品取りそろえに関する自主規制を設けた。要するに「できるだけ多くの一般景品をそろえる」と約束したわけだ。

警察庁としては、カジノ議連にぱちんこ換金行為を突かれると基本的には常套句で逃げる。しかし同時に「ぱちんこ営業者は、このように関係法令を遵守するため自主規制をして努力している」と、たとえばこの賞品取りそろえ充実などの例を引き合いに出し、弁護するという立場でもある。ただしこれについては「ぱちんこ業界を守る」というよりは「警察のぱちんこ利権を守る」という印象を私は持っている。そのためのアリバイが必要だから、関係法令指導の強化を図っていき、それにぱちんこ業界が右往左往する、というのが、カジノ議連と警察庁・ぱちんこ業界の構図なのだ。

三つ巴から転身？　超党派議連へ

ぱちんこ業界を二分した「換金合法化の是非」をめぐり、警察庁、娯産研、カジノ議連、という三つ巴の様相があった。しかしそれが2010年に一変した。4月14日に「国際観光産業振興議員連盟（カジノ議連、旧カジノ議連と混同するので、以後は新カジノ議連）」という超党派の議員連盟が発足したからである。

新カジノ議連の最大の特徴は「娯産研とカジノ議連が合体したもの」ということである。ぱちんこ換金合法化とカジノ法制化をともに目指すということになるのか？

実は伏線はあった。新カジノ議連発足時に会長代行となった岩屋毅衆院議員（自民党）はカジノ議連の事務局長、幹事長となった牧義夫衆院議員（民主党）は娯産研の事務局長であり、さらには両名は鳩山邦夫衆院議員の秘書として、同じ釜の飯を食った仲である。

カジノに詳しい知人（某シンクタンク経営）が私に言うには「カジノと換金はそもそもバーター。だって、鳩山弟つながりで岩屋さんと牧さんとで話ができるから、後は世間の様子見次第なんだ。つまりカジノ実現とともに、いや少し遅れるかもしれないけど、換金合法化というのが、ふたつの議連のシナリオなんだよ」とのこと。これはまだ新カジノ議連が発足する2年も前に聞いた話である。

もっと言えば、鳩山邦夫衆院議員についても無縁ではない。本章冒頭で触れた「〇〇」と警察庁が名指ししたぱちんこ企業は、鳩山氏についてもパーティー券などで協力していたことがわかっているのである。

それだけではない。パチンコチェーンストア協会（ＰＣＳＡ）というぱちんこ企業が集まる一般社団法人がある。ここは全日遊連のような「大組織」ではなく、換金合法化に肯定的なぱちんこ企業が加盟することで知られている。ＰＣＳＡは与野党関係なく大量の政治分野アドバイザーを抱えているのだが、新カジノ議連には参加していない議員の名前も多く、鳩山氏も名を連ねている。なお、名指しされた○○というぱちんこ企業もＰＣＳＡの会員企業である。

新カジノ議連の発足は「警察庁、換金合法化に反対するぱちんこ営業者、新カジノ議連」という三つ巴に簡略化することに成功した。ここから先は本格的に換金合法化の議論が勃発してもおかしくはない。

ぱちんこ換金行為の違法性・合法性のヤヤコシイ議論が進行する裏で、事態は急変を告げたということだ。

じゃあ、ぱちんこ換金行為は「合法」となるのか。

娯産研の単独プレー？　新たな法律案浮上

新カジノ議連の発足後、娯産研は「遊技業に関する法律案」をまとめた。この法律案は２０１０年６月にまとめたものだから、新カジノ議連発足直後のことである。

内容は、ぱちんこ換金行為の合法化に触れたため、警察庁を中心に抵抗にあって失敗した過去の経験を生かしたのか「換金合法化」については触れていない。法律案の柱は「新しく法律を制定する形であり、ぱちんこ営業者が風俗営業者ではなくなる」「ぱちんこ営業者を所管するのは公安委員会（警察）という従来の所管」「遊技機メーカーや設備業者などが経済産業省の所管となる」の3点。これは「まずは風営法で定められているぱちんこ営業の所管を別法律にする」「その後その業法を改正して換金合法化を目指す」という手法だ。

この案に対して、娯産研はぱちんこ業界の5団体（全日遊連、日遊協、同友会、余暇進、PCSA）に対して説明とヒアリングを行っている（日遊協、同友会、余暇進というのは、それぞれぱちんこ企業が多く加盟するぱちんこ業界団体の略称）。

このうち、上場肯定ぱちんこ企業の多いPCSAが法案に好意的なのは当然として、最大組織の全日遊連は、風営法から独立された「ぱちんこ業法」を提案した娯産研に対し「風営法重視」の姿勢を回答とした。そもそもこの姿勢は、換金合法化が浮上した際に全日遊連がもともと決議したものである。それを維持することを確認したまでだ。営業者の数でいえば換金合法化反対が多いのだから、全日遊連としては当然の帰結といえる。これが2010年11月のこと。

遊技業に関する法律案をまとめた際には「秋の臨時国会にも法案提出」と息巻いていた娯産研だが、これを受けていくぶんは失速。臨時国会での法案提出とはならなかった。さらには2011年の通常国会に提出できる見通しが立っているわけではない。ぱちんこ換金合法化の「賛成」と「反対」とのせめぎ合いは続いているのである。

ひとつだけ確かなことは「換金合法化を目指すぱちんこ企業は諦めない。つまり娯産研も諦めない」ということだ。つまり、今後も警察庁と換金合法化反対ぱちんこ企業にとっては、胃が痛い案件が浮上する可能性は高い。上場を目指すぱちんこ企業にとって、上場とは「悲願」であり「社会的地位向上」なのである。

換金合法化がなければぱちんこ企業の株式上場はない。2005年末頃に上場申請をした都内のぱちんこ企業の上場が却下されたケースでは、上場申請が発覚した際に弁護士150人規模の連名で金融庁、警察庁、証券取引所などにぱちんこ企業上場反対の上申書が提出されたという（読売新聞報道より）。つまり諾否を決める証券取引所等とは別に「社会がぱちんこ企業の上場に対して猛反発している」という側面もあるのだ。

私見を言えば、ぱちんこの換金合法化という娯産研の目標は、かなりハードルが高いと言わざるを得ない。警察庁が、弁護士を中心に一般社会が、そして頼みの綱であるはずのぱちんこ業界自身（たとえば全日遊連）が、そのハードルとして立ちはだかるからである。

換金合法化。この言葉はぱちんこ業界においては「ぱちんこ企業の上場」を意味する。

第3章
パチスロがなくなる日

「灼熱牙王」衝撃のドタキャン

２００2年6月11日。私にとっても記憶に強く残った日である。後のパチスロの運命を決めることとなった日だ。

午前11時から、東京・新高輪プリンスホテルにて、パチスロメーカーのロデオの新機種「灼熱牙王」の展示会が開催されていた。ロデオはパチスロ大手のサミーのグループ会社であり、総発売元は遊技機販売業者最大手のフィールズ。展示会開催前から大関千代大海（当時）をイメージキャラクターに採用してテレビＣＭを展開していたこともあって、展示会は大盛況でスタートする。

千代大海関のトレーナーもしていたトータル・ワークアウト（フィールズのグループ）のケビン山崎氏が、この展示会で講演をしていた最中のこと。展示会を取材していたマスコミの席に一枚のペーパーが配られた。そこには「灼熱牙王販売中止」とある。展示会としては「灼熱牙王（ロデオ）」と「ＣＲガッチャマン（サミー）」の2本立てだったのだが、灼熱牙王が圧倒的メインの展示会である。マスコミに回ったペーパーは来場者の多くが知ることになり、新高輪プリンスホテルの大きな展示会場が大混乱となった。なにせ「売ることのないパチスロを大々的に展示している」のである。

同じ日の霞が関。パチスロメーカー組合である日本電動式遊技機工業協同組合（日電協）から5人の幹部が警察庁を訪れていた。テーマは「ギャンブル性の高いパチスロ」である。既にマーケットにはギャンブル性の高いパチスロがゴロゴロしており、それを「日電協としてなんとか対応できないか」というギリギリの指導（繰り返すが警察庁は指導とはいわない）の現場である。

日電協はパチスロメーカーの集まりであるが、ぱちんこメーカーの集まりである日工組ほどには対警察庁案件で結束しない。というのも、日電協は「全てのパチスロメーカーが加盟する」団体ではなく、日電協非加盟のパチスロメーカーは多いのだ。この点「全てのぱちんこメーカーが加盟する日工組」とはカルチャーが全然違う。

懸案については、この日よりも以前から警察庁が日電協に対して強く指導を繰り返してきた。その経緯もあったので、警察庁としては「本日、日電協がなんらかの回答を持ってくる」ことを期待していた。しかし日電協が用意した回答は「今月20日に販売自粛についての期限等、何らかの決定をして報告します」というものである。日電協の対応に怒った警察庁の担当課長補佐は「もっと早くに回答を持ってこい」と激しく5人に迫った。

この後、一部の者は警察庁を出たが、日電協副理事長でもあったサミーの里見治社長（当時）は残り、既に展示会が始まっている灼熱牙王について、かなりの剣幕で迫られた。何についてか。それは「販売するのか」ということである。このとき担当課長補佐は机を叩いて激しく迫ったというから、その様子はぱちんこ業界の歴史から見ても尋常ではない。

サミー（ロデオ含む）が不運だったのは「初AT機メーカー」であることと「AT機シエアが最大」だったことだろう。同じような販売中止ケースというのは他メーカーにもあったのだが、大がかりな展示会の最中に販売中止となったケースはこれだけである。

このやりとりを終えて里見氏が警察庁を出たのが同日昼頃のこと。自らただちに販売中止の指示を行った模様で、マスコミにペーパーが配られた時間とほぼ一致する。

これが爆裂機問題が表面化した瞬間である。では、爆裂機問題とは何だったのか。

タガが外れたギャンブル性へ――爆裂機を実現させた手口

当時、問題視されていたのは「AT」と呼ばれた機能を採用したパチスロである。この

ATがパチスロに何をもたらしたか。それは「ギャンブル性の規制を全く無視できる」という、ウソのような本当の話である。

アシストタイムの略であるATについて、機能を簡単に説明するとこのようになる。

「通常時は入賞できにくい小役がほぼ常に当せんしている」
「AT時はそれを入賞できるように、スタートレバー押下時に入賞手順を告知する」

本質的にはたったコレだけである。コレだけで「規制を超える」ギャンブル性が実現できたのだ。

パチスロには当時もいくつもの規制が設けられていた。しかし「出玉率」については「メーカーが申告したリールの停止順序で機械打ち」というルールで保通協は型式試験を行うだけである。この「機械打ち」とは要するに「どこも狙っていない」テキトーに停止させる状態である。

本当は入賞手順が細かく用意されている。しかし手順が違えばそれらはそろわない。ほぼ毎ゲーム15枚の払い出し小役を成立させていても、十数回に1回偶然入賞する程度という状態になる。これが「機械打ち」であり、実際に遊技客が遊技するときの「通常時」の状態である。

ところが、一度ATに突入すると「入賞手順を全て教える」ことになる。ほぼ毎ゲーム15枚の払い出しがあるとすると、パチスロの1ゲームの投入枚数は3枚なので、都合「1ゲーム当たり12枚のメダルが増える」計算になる（実際にはリプレイ等も成立するため、1ゲーム当たり10枚のメダルが増える計算になるケースが多かった）。このATを100ゲーム続ければ千枚のメダルが得られ、千ゲーム続ければ1万枚のメダルが得られるのだ。1枚のメダルの貸料金は20円だから、1万枚のメダルとは「20万円相当」となる。

このATはあくまでも「液晶やランプ等の表示を制御するサブ基板」として、保通協の型式試験においては検査対象外である。しかしパチスロは「入賞可能な手順をあらかじめ教える」ということによって、このサブ基板部分にギャンブル性を仕込むことに成功したわけだ。

なにせ検査対象外ということは「何の規制もない」のである。しかも、マーケットにはAT機が乱立しており、どのぱちんこ店も「爆裂機祭り」である。警察庁が問題視しないはずがない。

パチスロで初めてAT機能を搭載してリリースされたのは、「ゲゲゲの鬼太郎SP（サミー）」。しかも同機種のAT性能はギャンブル性というにはあまりにも乏しいおだやかなものであった。だが、これが蟻の一穴となり、次第にAT性能が激化していく。代表的な機種が「ミリオンゴッド（ミズホ）」だ。この機種は、私が確認したデータでも「7万枚」というとんでもないメダルが一日で出た例がある。貸料金に換算すれば、なんと140万円である。もはやこんなものは娯楽ではなく賭博そのものだ。

パチスロメーカーの懲りない面々

空気というのは恐ろしい。この当時、ほとんどのパチスロメーカーは「爆裂機を合法だと信じていた」のである。当時私はぱちんこ業界紙の記者をやっており、こういった空気・傾向について強く疑問に思ったものである。しかし、当時取材したパチスロメーカーの幹部や技術者が「保通協の試験に適合したものが違法なわけがない」と私の疑問そのものを完全に否定した。これは「取材した全ての者」についてである。唯ひとりの例外もいなかった。これは本当の話である。

一方で、警察庁はかなり苦慮していた。なんとすれば、保通協の型式試験の適合判断を出している責任者が警察庁だからである。これについて、当時の警察庁の担当官が私にこう言ったことがある。「試験の最中から、これはかなり問題だ、適合させてはまずいかも、という声が保通協から上がってくる。しかし、その問題個所の技術案件を見ると、同じ案件で過去に適合例がある。だから、適合させるしかなかった」と。

当時のパチスロに関する規則（検定規則）では「出玉率規制」というものがあった。「1万7500ゲームの遊技で55〜120％」というものである。しかしAT性能は規制が及ばないのだ。ゆえにほとんどのパチスロメーカーは「最高設定6」の出玉率を「119・9％」と規制を遵守しているかのように謳い、しかし実際は120％を超える設計値にするということを慣習化させた。そもそも一日でパチスロに投入されるメダルは2万枚がいいところである。その120％とは2万4000枚。つまり「差っ引き4000枚がギャンブル性の上限」である。7万枚などという数字はこの規制からはあり得ないのだ。

つまり、爆裂機問題というのは、次のように要約できる。

「本来は許されない仕様であった」

「保通協の型式試験のときだけは許される仕様になる試験方法が採用されていた」

これは開発したパチスロメーカーも悪いが、警察庁も悪い。要するに「保通協の型式試験に不備があった」ということである。

日電協の自主規制区分が新たな対立を呼ぶ

さて、灼熱牙王販売中止からは爆裂機問題の進捗スピードが急激に速くなった。警察庁が日電協幹部5人に激怒してから、日電協は販売自粛に関する自主規制を決めた。7月のことだから、都合1ヶ月で決めたわけだ。日工組と比べてまとまりが悪く、当時は遊技機仕様に関するまともな内規もない。日電協としてはかなり努力した結果なのだが、ここに思わぬ反発者が出てくることになった。全国のほとんどのぱちんこ営業者が加盟する巨大組織である全日遊連である。

当時の警察庁は「爆裂機を市場からなくせ」という指導を日電協に対して繰り返していた。このままマーケットに爆裂機が存在しつづけるなら当該機種を検定取消し処分として強制的に撤去させることになるぞ、と脅しもつけて。それは最終的には現実になる。
日電協の自主規制はかなりズルいものとなっていた。内容はパチスロについて、

「問題のない遊技機」
「適度の射幸性を超えるおそれがあると認められる遊技機（4・1号機）」
「著しく射幸性が高いと認められる遊技機」
※射幸性とは、偶然の成功や利益を狙う度合い。ぱちんこ用語。ギャンブル性。

という区分を設けた。各パチスロメーカーが、市場に設置されているものや販売予定のものについて、それぞれどの区分なのか、日電協に自己申告させるようにしたわけだ。

「問題のない遊技機」は何の制限もない。当然である。「著しく射幸性が高いと認められる遊技機」については即販売中止でさらには市場から自主回収する努力が義務付けられた。これも当然である。で、オカシイのは、「適度の射幸性を超えるおそれがあると認められる遊技機（4・1号機）」である。これを日電協は「2万枚程度のメダルが獲得できる機種」と位置付けており、これについては「2002年中の販売に限りOK」としたのであ

る。意味不明なグレーゾーンの登場だ。

これに強くかみついたのが全日遊連である。「ダメな機種はダメというのはわかる」「問題のない機種は問題ないというのはわかる」「適度の射幸性を超えるおそれがあるというのはなんなんだ」ということであり、全日遊連の方が正論であった。

全日遊連の反発には伏線がある。警察庁は爆裂機問題の表面化以降、個別にパチスロメーカーを何社も呼び出し、特定機種について「このままでは検定取消し処分にするぞ。早く回収しろ（あるいは販売するな）」と盛んに迫っていた。その数はメーカーベースで10社を超え、型式（機種）ベースでは数十機種にものぼる。そしてこの話は、当時のぱちんこ業界関係者なら皆が知っていた話だ。

全日遊連の立場ははじめからはっきりしていた。「警察庁が検定取消し処分を示唆した機種については回収に応じる。ただし、その責任はパチスロメーカーにあるのだから、相応の補償（回収）費用を支払え」というものである。

日電協はこの要求を拒否したかったのだ。ゆえに「何がNGかどうか」を、この後も最後まで公表することはなかった。個別に検定取消し処分を示唆されていたパチスロメーカーも同じである。つまり「警察庁と日電協」の間では爆裂機の性能をめぐる問題なのだが、

「日電協と全日遊連」の間では「お金をめぐる問題」に変質していたのである。「適度の射幸性を超えるおそれがあると認められる遊技機（4・1号機）」には「検定取消し対象機」も含まれるかもしれない。そんなものを売るんじゃない、という全日遊連の反発でもあった。

これ以後、日電協と全日遊連は、爆裂機問題ではことごとく対立した。

AT以外の問題性能

最終的に検定取消し処分となった型式（後述するが）は3つであり、全てAT機であった。しかし、警察庁が問題視していた性能はAT以外にもある。それは2004年の規則改正で事実上不可能になった性能だから、爆裂機問題の中でも重要な問題といえる。

大きくはふたつだ。ひとつは「ST（ストック）」と呼ばれた性能である。これは簡単にいうと「貯金方式」であり、パチスロの裏モノ（不正改造機）では一般的な性能だったものでもある。

パチスロはスタートレバーを叩いた瞬間に抽せんが行われ、ひとつの乱数値を得るプログラムになっている。その値が「大当たり」なら以後大当たりが入賞するまでずっと大当たり入賞可能状態となるが、その値が「小役」ならそのゲームで入賞しないと次ゲーム以降は再度抽せん結果に依存する。

この「大当たり入賞可能状態」を「フラグが成立している」と呼ぶ。パチスロの大当たりは「ボーナス」と呼ばれるので「ボーナスフラグが成立している」と呼ぶわけだ。

このボーナスフラグはＳＴ機登場までは「常に最大で1つ」であった。ＳＴというのはそこに目を付けた性能であり「ボーナスフラグが成立している状態でも、スタートレバーを押下して、さらにボーナスフラグを成立させることができる」というものである。

要するに「ボーナスをストックしていく」ということである。これに特殊なリール制御テーブルを用意すればＳＴ機はほぼ完成だ。リール制御テーブルが「特定の条件でのみボーナス入賞可能とする。あとはボーナスフラグが成立していても制御で入賞を不可能にする」というものが一般的なＳＴ機だが、これによって「なかなかボーナスがそろわないが、そろうと大連チャン可能」という性能が実現できるわけである。

なお、日電協が自主規制区分を作成してからは、ＡＴ機よりも「ＳＴ＋ＡＴ」という性能のパチスロの方が多くなる。つまりＳＴとは爆裂機第二幕の主役仕様であり、パチスロ最大ヒット機である「北斗の拳（サミー）」もこのタイプの性能を持っていた。

もうひとつは「大量獲得機」と呼ばれた性能である。これはAT機が普及する前からある性能で、ボーナス1回の出玉が多くなるという性能である。

技術的には「ビッグボーナス中の一般遊技における小役入賞について引き込み考慮の考え方」というヤヤコシイ解釈の上で許されるようになった仕様だが、読者には「1回のボーナスで特殊な性能では最大で771枚、一般的な性能では最大で711枚のメダルが獲得できる性能」と理解してもらえればいい。大量獲得機ではない普通のパチスロは、1回のボーナスの最大獲得枚数は「300枚後半から400枚超え」程度だから、その差は大きい。700枚なら貸玉料金ベースでは1万4000円とかなりのものがある。

この大量獲得＋STという仕様で大ヒットしたのが、「吉宗（大都技研）」である。711枚のメダルを獲得したボーナス終了後1ゲームでまた711枚のメダルを獲得できるボーナスが入賞するという、かなりの連チャン性能を有していた。マーケット的にも北斗の拳に続くレベルの大ヒット機であった。ちなみに特殊な機器を用いてこの連チャンを意図的に誘発させるというゴト行為（違法に出玉を得る犯罪行為）が蔓延した。その対策を違法に行っていたことが、全日遊連総会当日の警察の立入りによって山田理事長（当時）関係店舗で発覚したということは前述したとおりである。

ＳＴと大量獲得というふたつの性能。これは自主規制区分以降の主流仕様となっていく。検定取消し処分になった型式にこの性能は搭載されてはいない。しかし、２００４年の規則改正によって、両方とも禁止されてしまうことになる。

規則改正前夜「書類大量化」事態

灼熱牙王販売中止から約1年が経過した２００３年6月。自主規制区分で登場した「適度の射幸性を超えるおそれがあると認められる遊技機（4・1号機）」の販売は既に終わっていたが、警察庁が問題視した検定取消し対象機は依然としてマーケットに存在しつづけていた。日電協やパチスロメーカーは「この型式は検定取消し対象だから回収したい」とはいわないからであり、全日遊連としても、いや加盟する全国のぱちんこ店も「自主的に撤去」するという選択肢は取らなかった。つまりこの時点で問題は継続中である。

警察庁生活安全局生活環境課は6月13日に「回胴式遊技機に係る試験申請について」という通知を出す。内容を要約すると「ＡＴ等で入賞手順を告知するタイプのパチスロについては、その内容（確率やリール図柄との入賞関係等）を全て書面にして型式試験の際に提出すること」というものだ。この新しい書面付型式試験は8月1日から受け付けることとなり、以降は新しい書面がないと型式試験申請ができなくなった。

この年の8月から翌年の6月30日までの間に型式試験申請がされたパチスロのことを4・7号機と呼ぶ。これが4号機最後のカテゴリーである。

新しい書面とは、つまり「AT機の全性能を書面にしろ」と言ってるようなものだ。これは「膨大な量」になるし、何より「極端な出玉性能を隠せなくなる」のである。そこで、多くのパチスロメーカーが選択したのは「7月までに型式試験に申請しまくればいい」という駆け込み申請だった。残り約45日間で開発中のパチスロを全て申請してしまえ、ということである。

そのことを如実に示すのは保通協の型式試験受理件数だ。回胴式遊技機（パチスロ）の型式試験受理件数は、7月に56件を記録。中には不適合となる型式もあるから全てが販売されるわけではないが、1ヶ月に56件というのは数字としては極めて大きい。これは半年から1年間に販売される型式数に匹敵するからである。

ところが8月には様相が反転する。8月の回胴式遊技機の型式試験受理件数は最終的には1件。しかもこの1件は日電協非加盟パチスロメーカーである。

その後、4・7号機の申請は活発にはなっていく。ただし、書面のしばりがかなり効いており、ATあるいはAT＋STの仕様は全盛期に比べるとかなりギャンブル性が抑えられていった。

4・7号機について、多くのパチスロメーカーが取った戦術がすごい。「書面にサブ基板の性能を全て書け」とも取れるこの通知に対して「そういうことなら全て書く」と、それこそ段ボール箱で数箱分の書面を型式試験申請時に提出するメーカーも出てきた。これには保通協も閉口し警察庁もいくぶんは軟化することになる（軟化といっても規制緩和したわけではない。日電協が作成した書類のフォーマットについて、これでいいとかこれではダメだとレクチャーしてあげたという程度である）。

このの4・7号機はパチスロメーカーの「7月までの駆け込み（4・7号機規制が嫌）」というカルチャーと「8月以降の申請で書面がいるなら大量に持っていくぞという開き直り」カルチャーとを明らかにした。警察庁による事実上の規制強化の始まりである。

この規制強化施策は、最終的には爆裂機問題を解決する強硬手段のプロローグであった。この後訪れる爆裂機問題終焉で、パチスロメーカーは一度とどめを刺されることになる。

3型式を検定取消し処分に

検定というのは「型式について遊技機メーカーが都道府県公安委員会から受けるもの」である。だから検定取消し処分を行うのも都道府県公安委員会だ。ただし、爆裂機問題については違った。号令をかけたのはもちろん警察庁である。都道府県によって取消し手続きの日程が異なったが、各公安委員会が警察庁の指示に従った。

手続きが早かったのは鳥取県公安委員会である。10月1日に「ミリオンゴッド（ミズホ）」「アラジンA（サミー）」「サラリーマン金太郎（ロデオ）」の3型式について検定を取り消した。「著しく射幸心をそそるおそれが高い」という理由が検定取消し処分の理由に含まれている場合、この型式に属する遊技機（要するにこの3機種）を設置しているぱちんこ店はただちに撤去しなければならない。これは風営法上の義務である。もちろん3型式について、この理由は含まれていた。そのための取消し処分なのだから。

撤去の期間に猶予を設けた県、撤去の期間には一切の猶予を設けないが取消し日を遅らせた県、さまざまだが、この一連の検定取消し処分で、警察庁が最も問題視した3型式に

●ミリオンゴッド（ミズホ）
2002年発売。パチスロに空前のギャンブル性をもたらした爆裂機。通常時はメダルの払い出しがほとんどなく、1日で20万円を超える負けも珍しくなかった。

ついてはマーケットから完全に消えた。いずれも「ＡＴ機」である。

警察庁としては他に手がなかったのだ。日電協に質せば「回収の努力をしているがぱちんこ店側が応じない」と答える。全日遊連に質せば「パチスロメーカーの回収の努力が足りない」と答える。日電協に自主規制区分を作らせても４・１号機というオカシナ区分を平気で提示する。型式試験申請での書面義務を強化すれば、直前に大量の型式試験申請を行い、その後はしばらく申請してこない上に、もっと後には大量の書面を持ってやってくる。

いろいろな施策がことごとく失敗していたのがこのときの警察庁である。問題視してい

© Sammy

●アラジンA（サミー）
2002年発売。「アラジンチャンス」と呼ばれるAT集中役を搭載、ロング継続確定となる「スーパーアラジンチャンス」では、一撃6万枚以上獲得可能な場合も。

る爆裂機はマーケットで「大人気機種」として、ファン雑誌などのメディアを賑わしている。インターネット上では「○万枚出た」とはしゃぐファンもいるし、ぱちんこ店の現場では山積みされたメダルの入ったドル箱を写真で大々的にアピールしている。

もはや万策尽きた。強制的な措置にするしかない。しかしそれは「保通協での型式試験の不備」をも認めることになる。「型式試験に不備があってザルになっていたために、問題の型式が世に出た。なので取り消します」だけでは済まない。型式試験の不備も見直す必要に迫られる。

この頃は爆裂機問題として、マスコミがかなり注目していた。雑誌はもとより新聞も繰

●サラリーマン金太郎（ロデオ）
2002年発売。シングルボーナスの集中役「金太郎チャンス」を搭載。「時速5000枚」を謳った過激な出玉スピードで人気を博す。

り返し取り上げており、一種の社会問題の様相である。

そして検定取消し処分となった。ぱちんこ業界関係者は既に覚悟を決めていた。仕方がないな、と。3型式は人気機種だったがこれからはそれら抜きで営業していこう、という空気である。むしろ「3型式だけで良かった」という反応も目立っていた。警察庁も数十機種を検定取消し処分にするほどの覚悟はなかったのだ。

マーケットはあまり過敏には反応しなかった。もうぱちんこ業界の中では既定路線だったからである。

しかしパチスロメーカーは、この直後に絶望感を味わうことになる。それは鳥取県公安委員会が検定取消し処分を行った9日後のこと。
規則改正である。これで爆裂機の命運が尽きることが決定した。

規則改正案で揺れた将来

この年の10月10日のこと。警察庁は「遊技機の認定及び型式の検定等に関する規則（検定規則）」や「風営法施行規則」などの改正案を日工組、日電協等のぱちんこ業界団体に配布して、担当官が説明を行っている。その席上では「改正案について要望があれば、団体として上げてほしい。なお、この後行われるパブリックコメント（一般の人から広く意見を募集する制度のこと）にての意見出しは絶対にしないように」という変な念押しをしている。

パチスロメーカーが閉口したのは「とにかく厳しい規制内容」だったからだ。今まで認められていたATは「出玉性能を強烈に落とした状態」でしか認められないようになっていた。STについては日電協に説明に来た警察庁の理事官が「ストックこそ射幸の源」だと断言。規則では一切禁止されているのである。ボーナス中のメダルの獲得枚数に関する規制が新設されており、これによって大量獲得仕様も禁止。パチスロメーカーは、このときはじめて警察庁の本気さを知ることとなった。

最終的に警察庁は、ギャンブル性に関係しない部分で若干日電協の要望を聞き入れた他は一切の要望を退けている。

日電協が10月10日の規則改正案について、警察庁に提出した要望がすごい。一部を紹介する。

「AT機能、ストック機能を認めてほしい」

「出玉率上限を緩和してほしい」

「確率変動を認めてほしい」

いったいなぜ厳しい規則改正となったのか、その理由を全く理解していない要望である。自らがパチスロに忍ばせた性能が警察庁に問題視され、一度は「なんとか回収しろ」と検定取消し処分を回避させるチャンスを与えられたのにそれに応えることができず、検定取消し処分を見た直後に出た厳しい規制に対して、コレである。

当然ながらこれらの要望は全て退けられている。

このときの規則改正案は、若干の修正をみて翌年の7月1日から施行となった。2004年7月1日以降に型式試験申請がされたパチスロのことを5号機と呼ぶ。

このときは検定規則と同じ日に「風営法施行規則」の改正施行もなされている。これによって生じた事態は、

「旧規則下でのパチスロの設置が認められない」

「ただし、旧規則下でのパチスロの検定有効期限（3年間）を基準にしてその間は販売・設置も可能（経過措置）」


というものである。

改正規則施行が決まり、もう、結末は見えている。パチスロメーカーの暗い将来はすぐそこだ。ということで、パチスロメーカーは最後の抵抗に出る。

経過措置にしがみついたメーカー

経過措置は正確に言うと２００７年10月をもって全ての型式において終了した。しかしそれは「２００７年10月までは４号機（主に４・７号機）を製造・販売していい」ということでもある。

そこで、ほとんどのパチスロメーカーが選択したのは「ギリギリまで４号機を製造・販売する」というものであった。

ここで75ページの図５を見てもらいたい。ここでわかるのは「回胴式遊技機設置台数が最も多いのは２００６年」ということである。２００６年とは既に改正規則施行から２年が経過している年だ。このときに５号機が盛り上がったということなのか？

答えは否だ。この年まで４号機の製造・販売に勤しんだパチスロメーカーが多く、それに応じて４号機を導入したぱちんこ店が多かったということである。なお、この年の２００万台強という設置台数は、ぱちんこ業界の歴史上最も高い数字である。

振り返って２００７年。こんどは40万台近くのパチスロが消えた年である。この統計は年末（12月31日）時点での統計であるから、既に経過措置は終了している（この年の10月に終了）。経過措置が終了した4号機は強制撤去であるが、5号機は人気がない。さらにはパチスロメーカーも開発数が少なく製造も少ない。つまり「ただ撤去するだけ」という事態になったぱちんこ店が続出したわけだ。これがこの数字の意味である。

実を言うと、経過措置期間中にも警察庁は盛んに日電協に指導している。「経過措置の4号機ばかり作らないで5号機を作れ」と。しかし、日電協加盟パチスロメーカーはそうはしなかったということだ。

私は爆裂機問題を広範囲に、時に詳細までずっと見て聞いて調べた人間である。この一連のパチスロメーカーの行動は、一言で言えば「異常」だった。「病的」と言ってもいいかもしれない。それくらい「ギャンブル性」を追求して、その果てに規制が強化されても、最後の最後までギャンブル性の追求をやめなかった。

それが完全に終了するのは２００７年である。このときから２００９年までの2年間は、彼らにとって「売り上げ減」「シェア減」の大苦境となったのも当然である。

絶体絶命！　パチスロ消滅作戦があった！

ここで時間を規則改正前夜に戻す。当時の警察庁は日電協やパチスロメーカーのギャンブル性への執着に頭を抱え、しかし有効な方法を取れないでいた。全日遊連は「悪いのはパチスロメーカーだ」として補償を伴わない撤去は拒否の姿勢である。

このとき、警察庁内では禁断の検討がなされていた。それは「そもそも回胴式遊技機というのが存在するのがいけないのだ」という、パチスロをなくしてしまえ、というものである。

パチスロの歴史はぱちんこよりも浅い。日電協の設立は1980年のことであり、日工組の1960年に遅れること20年である。

日電協の特徴は「警察天下りを理事長に奉戴しつづけた」という点にもある。初代濱野準一理事長（故人）はパチスロメーカー（高砂電器産業）の代表取締役社長だが、これは警察天下り理事長奉戴までのつなぎ人事であった。

当時を知る関係者が興味深いことを言っている。

「パチスロをまっとうなものにするために警察の協力も得ようと。そのためにはちゃんとした組合を設立して受け皿も必要だ。集まったメンバーの中で最年長だったのが濱野さんだったから、初代理事長は濱野さんになったということ。しかしこの時点で（警察）ＯＢ理事長になることは既定路線だった」

事実、日電協が正式に設立された2ヶ月後には、警察天下りである吉武辰雄理事長が誕生している。ここから國嵜《くにさき》隼任理事長までの5代全てが警察天下り理事長なのである。

パチスロは、古くから「裏モノ」が蔓延していた。「注射」や「ハウスモノ」という言葉は読者も聞いたことがあるかもしれない。歴史が浅く新参者が周辺に多かったという経緯も影響したのかもしれない。3号機が消え4号機となる際は、しばらくの期間保通協の型式試験に適合事例が出ないという異例の事態にもなっている。4号機で初めて型式試験に適合したのは「チェリーバー」というパチスロだが、メーカーのエレクトロコインジャパンは当時は日電協の組合員ではなかった。ここが日電協に加盟承認されたのは適合の翌年である。

なお、その後エレクトロコインジャパンはエレコと社名を変えるのだが、このときの手続きに不備があるとしてある裁判を経て、エレコおよびミズホ（旧瑞穂製作所）は日電協加盟メーカーではなくなった。両社はユニバーサルエンターテインメントグループのパチスロメーカーである。

警察天下り理事長を奉戴せざるを得ないほど、パチスロをめぐる環境は成熟していなかったということである。3号機時代には不正の蔓延が目立ち、全国いろんな地域の警察が基板検査を行っていた。「不正改造防止」を軸に他の性能、たとえば「4・1秒規制+7・3分の1リプレイ」（コラム参照）などもクリアして心機一転「まともなマーケットにしよう」と始まったのが4号機だったのである。

その4号機について、警察庁はパチスロメーカー側の要望をできるだけ受け入れてきた。「CT（チャレンジタイム）」と呼ばれる特殊な性能を実現したいと言えば、それを了承した。有効な内規がない日電協には珍しく、基本仕様は日電協の内規ベースで決定された。そのCT機は1998年から販売された。

パチスロの有効ラインを増やしてほしい（当時の規制では有効ラインを増やさないとボーナス確率を高く設計できなかった）と言われれば、それを認めた。7ラインやマルチラインといわれたこのパチスロも1998年に販売が始まっている。

パチスロのボーナス中の出玉率規制の解釈を緩和してほしい（これがないと大量獲得機

が実現できない）と言われれば、これも認めた。大量獲得機の誕生だが、これも1998年が販売のスタートである。

表示役物を充実させたいと言えば、それも認めた。ドット表示、4thリール、液晶、可動役物等々、形状はさまざまだったが全て認めた。一番遅かった液晶でさえ実現したのは1999年のことである。

そして2000年には初のAT機が販売される。2001年には初のST機だ。要望を認めつづけた警察庁内には、自責の念が蔓延していたことだろう。もうこの時点で、灼熱牙王販売中止の1年前なのである。

「パチスロメーカーとはこういう連中なんだ。こんなことならパチスロなんてなくしてしまえ」と考えたのは、警察庁内でもかなり上層部だった。ぱちんこ業界を所管する生活安全局生活環境課の担当官たちが、そういった考えの上層部たちを「パチスロは規制強化という形で残す」と説得するのに、相当苦労したという。

そして2003年10月10日の規則改正案の配布だ。回胴式遊技機が存在していることに感謝してほしいと思っていたかもしれない警察庁に対して日電協が突き付けたのは「規制強化しないで」というあきれたメッセージだったのである。そしてその後も経過措置終了まで4号機にしがみついたというのが、パチスロの歴史なのだ。

さて、パチスロメーカーの病的なギャンブル性への執着をよそに、ひそかに希望と野望を抱いていたのはぱちんこメーカーだ。第2章の冒頭で触れたこのキーワードは、現在まで続く「ぱちんこギャンブル性への道」の序章となっていく。第4章で触れるのは「病的なパチスロメーカーの時代から病的なぱちんこメーカーへの時代」への変遷である。

解説　社会的不適合機撤去

全日遊連が日電協と対立したキーワードは「回収」か「撤去」かというものだった。メーカーによる回収なら補償が発生してもおかしくはないが、ぱちんこ店が自ら撤去したのでは外し損である。じゃあ、ぱちんこ店あるいは全日遊連はお金への執着が強いのか。

答えは違う。いや、お金への執着は商売人なら誰にでもある。しかし対立の理由はそことではない。彼らは「過去の撤去事例」を教訓にして行動しただけなのだ。

その事例とは「社会的不適合機撤去」である。これは、1996年頃から始まった業界あげての自主撤去だ。

これより先にぱちんこの「のめり込み」が社会問題となっていた。その原因を「連チャン（大当たりが連続すること）」にあると見た警察庁は、ぱちんこメーカー組合の日工組に対して指導を繰り返していくことになる（これも建前は指導ではない）。

問題とされた機種は相当数になった。当時はプログラムを強制的に書き換えて意図的な連チャンを誘発させるタイプ、そもそも連チャンが仕込まれているプログラムというタイプ、等々さまざま存在し、ぱちんこといえば「連チャン」だったのである。

この「連チャン機ののめり込み問題」を警察庁は爆裂機問題のように日工組に対して指導していったが、日工組は比較的素直だった。警察庁も日工組も全日遊連も事態打開のために、なんども話し合っている。

そして、最終的に全日遊連は「撤去」を決めた。検定取消し処分になってはいない機種を自主的に撤去するのだから、普通の理由では組合員ぱちんこ営業者が応じない。そこで撤去対象機を「社会的不適合機」としたのである。

保通協の型式試験では「適合」した機種であるが社会的には「不適合」だから撤去しよう、というロジックだ。

それから1年強の期間のうちに、社会的不適合機とされた数十機種がマーケットから消えた。ただしあくまでも「自主撤去」である。撤去率の高い地域で90％以上、低い地域では70％程度と地域によって格差はあった。とはいっても、一応は警察庁主導の案件である。撤去をしない店舗には、その地域の警察の目が光るというおそれもあった。

で、問題はこの撤去の後である。大人気機種は撤去で消え、時代は「CR1種5回リミット（確変継続率50％程度で最大継続数5回）」へと変わっていった。撤去した分の台数をぱちんこ店は買うことになったし、撤去対象機のほとんどが「現金機（プリペイドカードユニットであるCRユニットと接続していない機種）」だったため、新しくCRユニットを導入する必要も生じた。もうこの時点で現金機は過去の遺物となりつつあったのである。

この5回リミット時代。とかくぱちんこの人気がなかった時代である。つまり全国のほとんどのぱちんこ店が「人気のある機種を撤去して、高いCRユニットを購入して、代替で導入した機種がことごとく使えない」という状況に陥ったのである。

ぱちんこメーカーも、その後5回リミットの不人気で販売不振に陥ることになる。しかし、社会的不適合機撤去分の台数は売れたわけだから、この撤去はぱちんこメーカーはむしろ収益増となった。

全日遊連はこれが許せなかったのである。「ぱちんこメーカーが警察庁に問題視される性能を仕込んでいて、それに協力した全国の加盟ぱちんこ店が経済的に大損失を被った」というのが社会的不適合機の一般的な評価なのだ。

これ以後、全日遊連の間では「撤去」という言葉は「なんとしても拒否しなければならないもの」となった。日電協との対立では、それが鮮明に出たということである。

社会的不適合機撤去が終わったのが97年から98年にかけて。それから4年後に再び「撤去」の二文字を日電協から聞いた全日遊連の反応は、ある種仕方がないものであった。

解説　4・1秒規制＋7・3分の1リプレイ

パチスロは4号機になってから「1ゲーム4・1秒を経ていない場合は、次のゲームはスタートしない」というルールが新設されている。警察庁が解釈基準で定めたこの規制は、5号機の現在にも生きている。

同時に「7・3分の1以上の確率で再遊技（リプレイ）を発生させなければならない」というルールも新設された。4号機時代は解釈基準だが、5号機になってからこれは規則に明記された数値である。

いったいこれは何なのか。

遊技機には「1分間400円規定」というのがある。これは「1分間で400円を超える投入（あるいは消費）はNG」というものだ。規定が設けられているのは風営法施行規則。遊技機の規則である検定規則よりも上位の国家公安委員会規則である。

ぱちんこにおいては完全に「投入金額ベース」で規制されている。ぱちんこは1分間に100発までという玉の発射制限があるのだが（検定規則）、玉の貸料金は最大で4円なので「1分間で最大でも400円分の玉までしか投入できない」のだ。これは現在も同じである。

ところがパチスロは4・1秒規制だと「1分間に約14・6ゲーム」消費することができる。パチスロはメダルを3枚投入して1ゲームを行い、1枚の貸料金は最大で20円だ。つまり1分間で約876円相当のメダルを投入していることになる。え？　いいの？

これは実は後付けの理屈だ。

当時のパチスロで問題になっていたのは「上手い遊技者なら、早くゲームを消化して、かなりの金額を消費することが可能」という点である。ただし、時間をあまり長くするとかなり味気ない。実際に現在のパチスロを遊技すればわかるが、4・1秒規制も慣れてくると遅く感じることもある。

この基準を定めるため、警察庁は市場に存在したパチスロをいくつも集め、実際に担当官たちで繰り返し遊技していったのだという。

パチスロは図柄がそろえばメダルが出る。小役によっては「たとえ狙っても外せない」という引き込み100％役もある。これについて「還元されたからこの分のメダルは金額に含めないでいいだろう」と警察庁は好意的に解釈した。「投入」から「消費」への転換であった。時は4号機前夜、いかにしてパチスロをまともにするか、どちらかといえば警察庁が好意的だった時代である。

1分間の遊技でいくらのメダルが払い出されるか。それを金額から除外してちょうどいい秒数の規制はないか。警察庁の担当官たちが、真剣に霞が関の庁舎内でパチスロに興じていたわけである。

はじめの結論は「4・1秒」となった。しかしこれだと「120円」多いのだという。あくまでも当時の警察庁の担当官たちが集めた払い出し枚数データに基づいて、であるが。

1分間で4・1秒規制を行うと、1分間の最大消費可能ゲーム数は先ほども触れたとおり「約14・6ゲーム」となる。120円ということは、1ゲーム60円と計算すると「2ゲーム」に相当する。ということは「この1分間で2ゲームだけなかったことにできればいい」ということになった。ここに再遊技（リプレイ）が誕生するのである。

だから確率は「14・6分の2」である。これを約分して「7・3分の1リプレイ」ということになったのだ。

これは現在まで続く「1分間400円規定の呪縛」なのである。

第4章
マックスタイプがなくなる日

ぱちんこメーカー　野望前

パチスロがCT、大量獲得、7ラインなど新しい性能を獲得して後の爆裂機への布石を得た1998年頃、ぱちんこマーケットは凋落の一途をたどっていた。第3章コラムで紹介したとおり、この年のはじめには社会的不適合機撤去が完了している。これによって人気のあったぱちんこの多くがマーケットから消え、代わりに普及したのは5回リミットと呼ばれたタイプの機種である。

ぱちんこメーカー組合である日工組は、遊技機の性能に関する自主規制（内規）を常に保持している。この内規は「民間団体の自主規制」であるから日工組が自由に改定できるという建前をよそに、実は警察庁の思惑どおりに改定させられるというものである。

警察庁と日工組の関係がうまくバランスしていれば別だが、当時は社会的不適合機撤去の時代だ。これは「ぱちんこメーカーが連チャン性能をプログラムに仕込んで、それが社会問題になり警察庁も問題視した」というもの。その対処をぱちんこ業界全体が迫られていた時期である。このときは検定取消し処分事例は出なかったが、違法な連チャン性能を釘調整で誘発させたとして、某メーカー技術者が捜査対象となったということがあった。

このような空気で日工組が警察庁の嫌がる（規制緩和の）内規改定に進めるはずがない。社会的不適合機問題が浮上した頃に警察庁の意向で改定されられた日工組内規が、そのまま継続していたのが1998年頃のぱちんこマーケットである。

5回リミットというのは「確率変動で連チャンしても最大5回の大当たりで強制終了」という性能のことだ。それまでのぱちんこがどれもさらに上のギャンブル性を有していたこともあって、CR第1種5回リミット（CR第1種とは普通のぱちんこのことを指す）は鳴かず飛ばずであった。

マーケット不振の原因を「確変5回リミット」にあると判断した日工組は、警察庁に対して水面下で「リミット解除の内規改定」をなんども打診する。最終的に警察庁はこれを了承したので、以後は確変継続回数リミット規制が撤廃された。はじめてリミットを解除したのは「CRフィーバーゼウス（SANKYO）」である。ただしはじめはリミット完全無制限ではなくて222回リミットという、少し警察庁に遠慮したかのような性能であった。

日工組内規について

ここで日工組内規について触れておかなくてはならないだろう。パチスロメーカー組合の日電協には（CTという例外はあるが）遊技機仕様に関する内規はずっとなかった。現在は内規を持っているが、これは2009年末に規制緩和の陳情として作られたものである。だから、日電協は「自主規制区分（4・1号機等）」という変なものを一から作る必要があったのだ。

ところが日工組は違う。日工組はそもそも内規を設けており、警察庁が問題視するたびに内規を改定して対応してきたという歴史があるのだ。

日工組内規の基本的な性質は、

・本来は民間団体日工組の自主規制（つまり日工組が自由に改定できる）
・検定規則など法令の規制が及ばない範囲についての規制で、警察庁の意向が反映されやすい

・日工組内規は改定のたびに、常に警察庁に提出される

という3点がポイントである。

確変の回数リミットというのは、検定規則にも解釈基準にも定められているものではない。つまり、警察庁としては「日工組が内規で規制すればいい部分」ということで、日工組の様子を見ながら彼らを操縦すれば規制は事足りるのである。その後この図式が崩れることになることをこの段階で警察庁は知らない。

逆転への核心

日工組が1999年に確変リミット解除の内規改定を行っても、基本的にぱちんこマーケットは凋落の一途であった。この頃、現在にまで続く「CR海物語シリーズ（三洋物産）」が登場して人気を博したが、成功例といえばコレだけだった。つまり、長い間「ぱちんこは『海物語』かその他」というマーケットであった。

ここで2003年10月10日の話をしよう。第3章で触れたがこの日は「爆裂機問題の終

焉を意味する規則改正案を警察庁が日工組や日電協等のぱちんこ業界団体に配布・説明した日」である。この規則改正案ではぱちんこについては規制緩和があった（コラム参照）。このとき、警察庁は各団体に対して要望をまとめて提出するように求めた。日電協が「ATやSTを認めろ」といった筋違いの要望をしていたのは既に解説したが、このときの日工組の要望の中に、現在の「ぱちんこギャンブル性追求マーケット」への核心となる部分がひとつだけある。

それはこれだ。

「改正規則等の施行日を2004年4月1日にしてほしい」

これはすごい話である。警察庁はこの時点で「2004年7月頃施行」を各団体に示唆していた。日工組はそれを「前倒ししろ」と言ったのである。「規則改正をするな」と言ってるかのような日電協とは真逆の対応である。既にぱちんこマーケットの凋落は座視できないレベルまで進んでいたのだ。

これを打破するには規則改正しかない。いや、正確に言うと日工組の野望はその後はじめて判明する。

そして野望は始動した

最終的に、警察庁は日工組の「改正規則施行を前倒ししてほしい」という要望は聞き入れなかった。つまり当初の予定どおり、2004年7月1日から新しい規則に基づいた遊技機ということになったわけだ。

このときに日工組は内に秘めた野望をはじめて世に開陳する。すなわち警察庁の意向を全くふまえない内規改定を断行したのだ。

主な内容は次のとおり

・大当たり確率下限は500分の1（ちょうど500分の1は含まない）
・確変継続率関係の自主規制完全撤廃
・最低賞球数を3個へ

これは相当に激しい規制緩和を意味する。読者にもわかるように解説していこう。

まずは「大当たり確率下限」について。直前までの内規における大当たり確率下限は「360分の1」である。スタートの釘が開いたぱちんこ台だと1分間に6回ほどスタートが回るので、これは「1時間に1回は大当たりする」というレベルである。しかし、499分の1だとこれは「1時間半に1回は大当たりする」というレベルになる。ん？　大当たり確率を低くしたら遊技客は敬遠する？　いえいえ、その分一度当たったときにものすごい出玉を得られる仕様にすれば逆にマーケットは盛り上がるのだ。

その「ものすごい出玉を得られる仕様にする」ためにあるのが「確変継続率関係の自主規制完全撤廃」である。既に確変「回数」リミットは内規上では撤廃されていたが確変「継続」率についての自主規制は存在したのだ。たとえば「確変になる割合が50％の場合は制限はない」のだが「確変になる割合が80％の場合は3回リミット」というように。

この内規だと制限のない状態は、確変継続率50％（厳密には完全に制限がなくなるのは約46・7％）レベルということになる。これは「2回に1回は連チャンする」という程度のものであり、10回も20回も続けて連チャンすることはほぼ不可能だ。こういった「大連チャン」を誘発させるには、70％、80％といった高い確変継続率が必要になるのだが、こうすると内規上の制限で解除したはずのリミットが復活してしまう。そういうことなら制限そのものを完全に撤廃しよう、というのがこの内容の意味だ。

もうひとつの「最低賞球数を3個」というのは「投資金額」に影響する。それまでの内規は「4個」であり、さらにその前は「5個」だった。この最低賞球数というのは、主に「スタートに入賞する際に払い戻される玉の個数」となる。

この最低賞球数には理由があった。ちょうど社会的不適合機問題の頃。第3種権利物と呼ばれたぱちんこが存在した。これは「スタート入賞口がゲートになっているだけで、ゲートを通ってもスタートは回るが玉は払い出されない」という構造になっていた。玉が払い出されないことで何個の差がつくか。一日1台で回せる最大スタート数は3600回ほど。最低賞球数が5個なら計1万8000個（7万2000円相当）の玉である。

これを出さない分、さらには大当たり確率が低い分、遊技客の投資金額はものすごく上昇する。最初の大当たりを得るまで何万円も投資して深いハマりに耐えながら、しかし一気にそれを取り返す、という仕様を可能にしよう、というのがこの改定内規の意味なのだ。そのためには最低賞球数は少ない方がいい。ゆえに4個を3個に改めたのである。

ぱちんこ業界関係者は、この3点の内規改定内容を見るだけでその意味するところを知る。それは警察庁も全く同じだ。日工組は内規改定のたびに警察庁生活安全局保安課（その前は生活環境課）にその内容を届けるわけだから、このときも内容は報告された。つまり、これは日工組の警察庁に対する「ぱちんこ爆裂機宣言」である。「こんどは我々の番だ」と真正面から言い切ったのである。

警察庁と日工組が対立へ

建前上は「日工組内規は民間団体の自主規制」である。だから日工組に改定の自由がある。ただそうは言っても「遊技機は国家公安委員会規則などで規制されている」ものだ。違法なことを警察庁は認めるわけにはいかない。

結論を言うと「日工組内規は合法」なのである。これは警察庁、あるいは規則の不備というべきもの。実は規則には「大当たり確率の上限（出玉と相関させた相対的な上限）規制」はあるが「大当たり確率の下限規制」は存在しない。だからたとえ「1万分の1」という性能も合法なのである。

確変継続率についてはもっとわかりやすい。そもそも規制が「存在しない」のである。賞球数も似たようなもの。規則は「最大で15個」と上限を規制するが「最低○個」という規制を設けていない。

つまり「日工組内規は規則に照らして合法」なのである。

これは「警察庁の見込み違い」と私は考えている。警察庁は古くから日工組の内規改定を指導するという手法で、問題がある性能について対応してきた。それが目に余った社会的不適合機問題は、全日遊連が自主的に撤去することで事なきを得ている。つまり「警察庁はぱちんこ遊技機については、日工組を信用した」としか言いようがない。なんとすれば、改正規則施行日である２００４年７月１日に新しく始まった日工組内規の問題点は、全て「規則が想定していない性能」だったからだ。

ただし、警察庁はさっそく行動を開始した。お決まりの「指導とはいわないが強烈な指導」である。既にこの内規対応ぱちんこ機種は数多く出回り、ギャンブル性の高さは明らかだった。爆裂機問題からギャンブル性の高いぱちんこの問題へ、一難去ってまた一難。こんどの当事者日工組は「内規改定」という宣言を行っているだけに確信犯である。

警察庁が行った指導は、実を言うと現在まで続いている。

指導内容はこの6年間のそのときどきで細かく変遷するが、ずっと変わらない基本原則はこれだ。

・低すぎる大当たり確率下限値をなんとかしろ（内規の確率下限値を引き上げろ）
・高すぎる（確変）継続率をなんとかしろ（継続率上限規制を内規で設けろ）
・少なすぎる最低賞球数をなんとかしろ（内規の最低賞球数を引き上げろ）

これは、このとき（2004年）の内規の全否定である。これが現在に至るまでの6年間、ずっと繰り返し指導されているということである。それはどういうことか。日工組は基本的にこの警察庁の指導を拒否しつづけてきたということだ。だから6年たってもまだ指導が続くのである。

ここから警察庁と日工組は過去に例を見ない激しい対立の時代へと突き進むことになり、それは今でも続いている。

攻防まとめ　釘

警察庁は、日工組が爆裂機宣言をしたかのような「内規そのもの」にぱちんこのギャンブル性の原因があると考えている。だから6年もの間繰り返し指導を行ってきた。ただし、警察庁の立場に立つとひとつ疑問が生じる。「保通協の型式試験は設計値だけで検査しているわけではない。出玉率規制などは従前規則と同じ内容であり、試射試験（保通協における玉を飛ばして出玉率を計測する法定試験）でギャンブル性の高い型式はNGとなるのではないか？」

これがNGとは必ずしもならないのである。警察庁は何度も保通協の型式試験のデータを精査しなおしている。そこに試射試験上の間違いはない。

パチスロ爆裂機はサブ基板こそがギャンブル性向上の犯人だった。これは明らかなことである。ぱちんこは、マーケットではギャンブル性の高い機種に溢れている。設計上確変継続率の高さ（最近では90％を超えたものもある）などによって、それが収まる気配がない。しかし試射試験の現場でそのようなデータは出ないのだ。

第2章で触れたように「犯人は釘ではないか」と警察庁は疑った。釘調整は玉の軌跡をコントロールするから、最終的な出玉率をコントロールすることが可能だ。その釘が「出ないような調整」で型式試験に申請され、ぱちんこ店の現場では「過激に出てもおかしくない」ように調整されなおしている、と考えたわけだ。

これは全く正しいことであった。ぱちんこメーカーが型式試験に申請するときの釘の状態は、ぱちんこ店現場の釘の状態とは明らかに異なっているのだ。しかし、警察庁はそれを公表するまでに至っていない。釘の形状等は「ぱちんこメーカーの知的所有権」にかかわるものでもある。行政として勝手に民間企業の知財を世間にさらせるものではない。

ところで「なぜ釘調整をして型式試験に申請していいのか」。ぱちんこの釘についての規制には「遊技くぎ及び風車は、遊技板におおむね垂直に打ち込まれているものであること（検定規則）」とある。この「おおむね垂直」というのが曲者なのだ。

板面垂直の状態が「垂直」だとすると、このおおむね垂直というのはどれくらいまで許容されるのか。これについては「申請して適合すれば『おおむね垂直』である」という立場をぱちんこメーカーは取る。だから「まずは申請してみよう」ということが今のトレンドになっている。

たとえば「板面垂直から5度傾けた状態」はおおむね垂直だろうか。なんといっても5度である。大した角度ではないから「おおむね」といってもいいかもしれない。じゃあ「10度ならどうか」。10度も大した角度ではないから「おおむね」でもアリだ。しかし既に「10度」という傾きは、玉の軌跡を劇的に変化させるほどの傾きなのである。5度でも同じ。そのパチンコ遊技機の釘の構成（ゲージ構成）によって、その影響度合いは異なるが、この程度で出玉率はものすごく変化するのだ。

釘調整というのは元来そういう「極めて細かいもの」なのである。よく「パチプロが釘を読む」というが、一般的なぱちんこ店が釘調整を行う際の調整単位は「コンマミリメートル」レベルが基本だ。1つ上に開けた程度では肉眼で確認するのは普通の者には不可能である。だから、規則に規定されている「おおむね」という範囲で、遊技機メーカーとしては十分なのである。

ぱちんこメーカー側にもこの手法はひとつ問題がある。それは「型式試験の適合率が低くなる」というもの。そもそも規則が許容するギリギリの範囲の性能を用意し、しかも確変継続率の高さは80％は当たり前、さらには90％超えまで存在する。試射試験は「設計値を見るのではなくて、実際に玉を一定時間飛ばして出玉率を計測する」のだから「試射試験の最中に試験型式が間違って大連チャンすれば「NGとなる」可能性は高い。

現にぱちんこ遊技機の型式試験の適合率が低くなっている。それも2004年7月1日以降のことだ。だから警察庁生活安全局保安課の担当官は、先ほどの日工組内規に関する指導とは別に、常に「型式試験の適合率が低い。それはぱちんこメーカーがギリギリの出玉性能で申請を繰り返すからだ。なんとか適合率を改善しろ」と言いつづけてきた。

しかし、ぱちんこメーカーはそれに対して消極的だ。だって「やっとぱちんこギャンブル性の時代を謳歌しはじめた」のだから。

攻防まとめ　内規

警察庁が日工組に対して、内規をめぐって強烈な指導を繰り返したということがはっきりわかるのは、実際の内規の変遷である。日工組は警察庁が最も強く要求する先の3点(下限確率、継続率、最低賞球数)を基本的に拒否しつづけている。しかし「拒否」だけだと、爆裂機問題よろしく検定取消し処分や、場合によっては釘の消滅等の「強硬手段」に出られる可能性がある。それではマズイということで、指導が強まった際に「ほんの少しだけ、できるだけ本質とは関係のない部分について、内規を改定して自主規制する」という作戦に出た。

つまり「警察庁の要求は聞かないが、こんどはこういう自主規制をしたんだから評価してよ」という立場である。もちろん本質部分の問題解決にはほど遠いから、警察庁の指導は終わらない。それが激化すればまた本質と違う部分で内規改定をする。

それを2004年から2010年末まで「何回」繰り返したか。図6に示す。

実に6年間で10回も内規を改定しているのである。こんなことは、日工組の50年の歴史上でもはじめてのことである。

この10回中、唯一回だけ、日工組は警察庁の要求に従った。それは2005年10月改定2006年1月適用の「下限確率400分の1（ちょうど400分の1はNG）」というもの。「下限確率を引き上げろ」といわれて500分の1から400分の1に引き上げたのだ。じゃあ問題は解決？　いやいや、そうはなりません。

この話には続きがある。現在の警察庁の立場は「400分の1でも低すぎる」というものである。最低賞球数が3個と少ないため、399分の1のぱちんこ遊技機を実際に大当たりさせるための平均投資金額は「2万円台前半～後半」となる（ぱちんこ店の釘調整に

図6●●日本遊技機工業組合（日工組）の内規改定年表（2004年～）

2004年7月	・下限確率500分の1 ・最低賞球数3個 ・確変継続率関係規制撤廃
2005年10月改定 2006年1月適用	・突然確変（突確）表現禁止 ・下限確率400分の1
2008年10月改定 2009年4月適用	・6秒以下の開放時間通常大当たりを計算から除外して400分の1
2008年11月改定	・混合機継続率75％上限 ・時短中セット　上限4800個
上記内規適用前に 2009年2月再度改定 2009年4月適用	・混合機継続率3分の2、かつ、賞球10個 時短中セット　上限4800個
2009年12月改定 2010年2月適用	・電役継続率上限3分の2、かつ、賞球10個 ・実質出玉　上限1600個 ・実質セット　上限4800個
2010年3月改定 2010年5月適用	・時短回数＜1／MLー（最大記憶数＋1）
2010年5月改定 2010年8月適用	・最大出玉の8分の1に満たない大当たりを計算から除外して400分の1下限遵守
2010年9月改定 2011年1月適用	・最大出玉の4分の1に満たない大当たりを計算から除外して400分の1下限遵守
2010年11月改定 2011年1月適用	・内部確率と実質確率の乖離幅は1.3倍まで ・確変等による最大獲得球数上限9600個

※突然確変とは「出玉ナシ大当たり後に確率変動状態に移行する仕様」のこと。検定規則では「大当たり後」のみ確率変動に移行していいことになっており「突然確変ってなんだ？」という警察庁のクレームに対応した申し合わせ。
※混合機とは「旧規則下の1種と2種を合わせたような遊技機」という意味。人気機種としては「CR牙狼XX（サンセイR&D)」がある。
※時短とは「玉が減らずに遊技を継続できる」状態のこと。電サポ。時短が終わるまでに大当たりした分は、遊技客にとっては「連チャン」と同じである。
※MLとは「低確率状態の大当たり確率」のことで「(確変ではない）通常時の大当たり確率（右表ではその確率分母の意味で表記した)」を指す。検定規則における表記。
※最大記憶数とは「保留」のこと。スタートが回っている状態でスタート入賞口に玉が入ると、保留数の分までスタート回数を記憶する。
※内部確率と実質確率が乖離するのは「内部的には大当たりだが、実際には出玉がない」という性能を採用するメーカーが増えたため。この性能によってもギャンブル性は向上する。

よって異なる)。

ぱちんこ営業は風営法施行規則で「賞品の価格の最高限度に関する基準は、1万円を超えないこととする」と規定されている。実際は1万円以下と勘定される特殊景品をいくつも提供することで「何万円、何十万円」という換金が可能だが、建前は「1万円」である。その金額で「1回も大当たりにならない」という設計は、警察庁として座視できるものではないのだ。

日工組は内規において「これ以上の下限確率の引き上げ」「(確変)継続率上限規制の新設」「最低賞球数の引き上げ」を完全に拒否。つまり400分の1下限確率内規以降の内規改定全てにおいて、警察庁の要求を突っぱねて、別の規制を新設することでごまかそうとしているわけだ。

そんなことで警察庁はごまかされない。ゆえに「警察庁が指導→日工組が警察庁の要求を拒否しつつ別の部分で内規改定→警察庁が指導→日工組が内規改定→」という繰り返しがずっと続いているのである。これは2010年末現在も、だ。

日工組が警察庁の要求をのまない限り、すなわちそれはぱちんこ総ギャンブル性の終焉を意味するが、内規改定頻発劇は2011年以降も必ず継続するのである。

警察庁には他に手がないのか？　一度だけ霞が関の意地を見せたことがあった。

強制？　手軽に安く遊べるパチンコ・パチスロキャンペーン

２００６年10月21日、22日の2日間、東京・池袋のサンシャインシティコンベンションセンターで「手軽に安く遊べるパチンコ・パチスロ展示会」というものが開催された。全日遊連、日工組、日電協はもちろん、ぱちんこ業界の15団体が共催するという、大々的な展示会である。２日間でのべ７６５３人の来場があったというから、まあそれなりに大盛況だったといえる合同展示会である。

この展示会は、遊技機メーカー（ぱちんこ、パチスロとも）が「この機種は、さほどギャンブル性が高くありませんよ」とアピールしあった展示会である。ギャンブル性が低く「手軽に安く遊べる遊技機」の愛称を一般公募して「遊パチ」と決定した。同日は遊パチのロゴデザインの発表やネーミングの授賞式なども行われている。

ん？　ぱちんこのギャンブル性が問題になっているときになんでこんなことを？　警察庁と日工組の今までの対立経緯からしてオカシイ？

理由は簡単だ。「警察庁がなんとしてでもヤレ」と言ったから開催されたのである。日工組は警察庁の指導に対して「何がなんでも拒否」ではあるが、別のところでいろいろ努力している。だからこそ「要求を6年間も無視されつづけているのにもかかわらず、警察庁は検定取消し処分や規則改正などの強硬手段に出ない」のだ。

その「いろいろ」の中に「ギャンブル性の低い新機種の販売」というのがあった。

ここが日工組の巧妙なところで日電協とは違う部分なのだが「日工組は、ギャンブル性の高いぱちんこ遊技機をメインに開発する一方で、ギャンブル性の低いぱちんこ遊技機も少しは開発し販売していた」のである。

警察庁と日工組とで、当時こんな会話があった。

警察庁「もっとギャンブル性の低いぱちんこ遊技機を製造販売しろ」
日工組「我々も努力しているがぱちんこ店が買ってくれない」

ここでも急遽、全日遊連が登場することになる。
警察庁は全日遊連に質す。全日遊連はそれに答える。

警察庁「ギャンブル性の低いぱちんこ遊技機をもっと導入しろ」
全日遊連「人気が出ないことがわかっており、販売価格の高すぎるギャンブル性の低い機種をそう簡単に導入できない」

爆裂機問題とは次元が違うが、日工組と全日遊連に警察庁はまたしてもたらい回しにされた形である。

このときの警察庁はかなり積極的だった。まだ爆裂機問題が終了して間もない頃であり、爆裂機の経過措置は終わっていないのである。同じことを絶対に繰り返せないのだ。

警察庁は日工組に対して、極めて異例の指導を行った。その内容を以下に示す。

・ギャンブル性が低い性能のぱちんこ遊技機を製造販売しろ
・それは遊技客が面白いと思うようなものにしろ
・それは販売価格をできるだけ抑えるように努力しろ

警察庁とぱちんこ業界の歴史でこんな指導はは じめてのことである。「ギャンブル性が低い性能」についてはよくある話だ。しかし「面白い」だの「安く売れ」だの、およそ行政が民間企業に指導する権限はない。

だが、警察庁はここまでする必要があった。とにかく「ぱちんこ全てが総ギャンブル性追求になるおそれ」は目前に迫っているのである。

これ以降、警察庁は「日工組にはそういうぱちんこ遊技機を売れ」「全日遊連にはそういうぱちんこ遊技機を買え」と指導を繰り返すことになる。

そういう状況が続いたある日、警察庁の担当官がふいに発言する。それは全日遊連にも日工組にも届いたため、確信犯的な発言だったと私は見ている。

「そろそろぱちんこ業界全体でもギャンブル性が低いぱちんこ遊技機がこれだけあるよ、と世間にアピールする時期ではないか」

これが手軽に安く遊べるパチンコ・パチスロキャンペーンの始まりだった。

手軽に安く遊べるパチンコ・パチスロキャンペーンの裏側

警察庁の担当官のネタフリを機に、いや正確には担当官の発言が続いたことによって、ぱちんこ業界内は「何か合同でイベントをしないといけない空気」に包まれていく。話の流れでは、そのイベントでは「ギャンブル性の低い遊技機」をテーマにしないといけない。しかし「どういう性能がギャンブル性が低いと定義すればいいのか」この点、必ずしも明確ではない。

だから、まずぱちんこ業界側は「ギャンブル性の低い遊技機の例示」を警察庁に求めることになった。

警察庁の担当官がはじめに言った定義はこのようなものである。

「2時間暇な時間があるとする。そこに映画館とぱちんこ店があったとする。どちらに行って時間をつぶそうか迷うような性能」

映画館の客単価は入場料で1000円を超え、飲食があっても高くて2000円ほど。つまり「2時間で2000円程度の消費に耐え得る程度のギャンブル性」と言ったわけだ。平均的な現在のぱちんこの2000円の消費時間は6分前後である。これでは話にならない。

日工組との若干のやりとりを経て、警察庁は少し変節した。以下は全日遊連に対してぱちんこ所管担当課長補佐が発言した内容である。

「2時間で3000円程度のギャンブル性。これを2〜3割のシェアにすること」

業界の反発を受けて？　1000円引き上がった。しかしこれだと現在のぱちんこでは9分前後で玉がなくなる。残り1時間51分を埋めるのは至難の業だ。まさかパチスロのようにリプレイなんてことも構造的には難しい。

全日遊連内では「平均して2時間で3000円程度負けるという意味だというのであれば、既に実現している」と強弁する者もいた。現在の一般的なぱちんこ店の「一日1台あたりの粗利益額」は「3000円台」なのである。

ぱちんこ店側の意見が乱立していく段階で、また警察庁は変節する。

「2時間で5000円程度のギャンブル性」

こんどは2000円UPである。5000円なら現在のぱちんこ店でも15分ほどの消費が可能だ。さらには「甘デジ（日工組がギャンブル性を抑えたと自負する確率だけ高い機種。最低賞球数3個がデフォルトであり、継続率の高さもさほど変わらない）」と呼ばれる「大当たり確率99分の1機種」なら、大当たりまでの平均投資金額に近い。一度当たればその分での持ち玉遊技が可能であるし、確変大当たりなら連チャンもする。

ここにようやくぱちんこ業界のコンセンサスは整った。「甘デジ（99分の1）でいいんじゃないか」と。

「じゃあ早くイベントを開催して警察庁の顔を立てよう」となった。ぱちんこ業界団体を横断する会議（パチンコ・パチスロ産業21世紀会）などを有効活用して、それぞれの団体でもイベントについての検討が始まっていった。

この話にはもう少しだけ付き合ってもらおう。警察庁の関与を明確に示すふたつの出来事があるからだ。
イベントの日時・場所が固まってからのこと。イベントタイトル案を決めて、イベント開催担当者（もちろんぱちんこ業界団体幹部）が警察庁に報告した際に、警察庁のぱちんこ所管担当課長補佐が一喝した。

「これでは何のイベントかわからないじゃないか。『手軽に安く遊べる』というような文言をなんで入れないんだ！」

そもそもぱちんこ業界側は「やりたくてやるイベントではない」のである。「警察庁の顔を立ててやるイベントなんだから、言うことは聞いておこう」となるのが自然。そこで、イベント名は「手軽に安く遊べるパチンコ・パチスロキャンペーン」と決まった。そのまま一喝された内容を引用したのだ。つまり、このイベントの名付け親は警察庁の当時のぱちんこ所管担当課長補佐なのである。
もうひとつはイベント名も決まってからのこと。ポスターのデザイン案について、イベント開催担当者が警察庁に報告した際に、

「もうちょっと考えてデザインしないと手軽に安く遊べるというのがわかりにくい」

と担当課長補佐が発言。結果的に、デザインを大幅に見直すことになった。

他にも「ギャンブル性の低い遊技機の普及に非協力的なぱちんこ店にペナルティを与えるという考え方より、普及に協力的なぱちんこ店をインターネットで公開して社会的評価を与えるという考え方が好ましい」と言われれば、手軽に安く遊べるパチンコ・パチスロキャンペーンホームページ（http://www.asoberu-ps.jp/pc/index.html）上で紹介することにしたし「ギャンブル性の低い遊技機が一目でわかる工夫がほしい」と言われれば一般公募でデザインを募集した。遊パチのロゴである。

これが手軽に安く遊べるパチンコ・パチスロキャンペーンの裏側である。同ホームページは2007年11月12日以降、何の更新もしていない。当たり前である。ぱちんこ業界が「警察庁に言われたので嫌々取り組んだイベント」なのだから。

これでは「業界の総力をあげた茶番劇」である。これがぱちんこ業界なのだ。

●CR花の慶次～愛
（ニューギン）
2010年発売。「雲の彼方に」「斬」に続く、花の慶次シリーズの三代目。直江兼続を準主役にフィーチャーし、大河ドラマ効果もあって話題に。

現在の問題　マックスタイプ

現在、マックスタイプと呼ばれるカテゴリーがある。「大当たり確率399分の1、（確変）継続率80%以上、最低賞球数3個」のぱちんこ遊技機のことだ。「射幸性（ギャンブル性）最大（マックス）」ということである。で、たしかにギャンブル性は高い。

人気機種も多い。「CR花の慶次（ニューギン）」や「CR北斗の拳（サミー）」は大ヒットしすぐにシリーズ化した。マックスタイプとほぼ同等の性能を持つ「CR牙狼XX（サンセイR&D）」もある。これは混合機というカテゴリーだが、性能はマックスタイプ

●ぱちんこCR北斗の拳
剛掌（サミー）
2010年発売。現在、ぱちんこ店で最も人気を集めるマックスタイプ。右打ちで消化する「ハイパーボーナス」では、2000発を超える出玉を獲得できる。

そのものである。

このマックスタイプがぱちんこのギャンブル性のリーダーである。警察庁もそのことを十分承知している。だから警察庁の担当課長補佐が日工組に対して、最近はいつも同じことを言う。

「型式試験に申請された型式のうち、マックスタイプが占める割合が高い。我々は常にこの統計を取っており、ぱちんこメーカーの姿勢をここで判断している」

日工組ははじめは聞き流していた。しかし、これも2年も続けば「本気」であることくらいわかる。ちょうど2010年11月に改定し

●CR牙狼XX
（サンセイR&D）
2008年発売。デジパチと羽根モノのゲーム性をMIXさせた第1種第2種混合機。高い連チャン性とともに、そのスピーディーな出玉感も注目を集めた。

た内規を日工組が警察庁に報告した際のことである。警察庁の担当官はこのように発言した。

「（今回の改定内規については）今後の型式試験申請状況を見て判断する」

つまり「マックスタイプばかり型式試験申請を続けるというのなら、また指導するぞ」と釘を刺したわけだ。

日工組はマックスタイプを捨てるはずがない。いや、正確には「日工組加盟ぱちんこメーカーが、マックスタイプを開発しつづける」といった方がいいだろう。ぱちんこ店側もマックスタイプを欲しがっているのは事実なのだ。そうであれば2011年も内規改定が繰り返されるだけである。

ところでこのマックスタイプ、いずれはなくなるとぱちんこ業界では考えられるようになってきた。どういうことか。

論旨は簡単だ。「警察庁が常に要求している規制を日工組が拒否しつづけるのだから、次の規則改正でその規制を規則に盛り込んでこの問題は終了することになる」という見通しである。で、面白いことに、かなりのぱちんこメーカー関係者がこの考えに蓋然性を見ているのだ。

「マックスタイプがなくなるかもしれない」

釘消滅の危機の次はマックスタイプ消滅の危機である。次の規則改正がいつになるかは警察庁や国家公安委員会のみぞ知ることではあるが、ぱちんこ遊技機は「メーカー自らのギャンブル性追求によって、多くのものを失う」可能性があるということだ。

警察庁と日工組の対立の状況を知れば、これも杞憂とは言えまい。かく言う私も「マックスタイプはいずれなくなるだろう」と考えざるを得ない。

警察庁がいくら繰り返し指導しても日工組は「糠に釘」「暖簾に腕押し」「柳に風」。本質のギャンブル性抑制は全く実現されないわけである。
もはや強硬手段しか残っていない。しかし、それがいつになるかは「お上」次第だ。

解説　改正規則のぱちんこ規制緩和

2004年7月1日施行の検定規則では、パチスロの規制強化とは逆にぱちんこの規制緩和を行っている。緩和された部分は多いのだが、今日のぱちんこ総ギャンブル性追求マーケットを実現させるキッカケになった改正部分をひとつ解説しておこう。
ぱちんこ遊技機における大当たり確率の規制は、出玉と相関する規制だ。新旧両方の規制を次に紹介する。

旧規則

MN≦0.08（Nは最大値）

新規則
MNRS≦12（Nは平均値）

これでは読者も意味がわからないだろうが、これは「出玉と確率の相関的上限規制」なのである。

「M」とは「大当たり確率」のことだ。ただしこれは「通常時の確率」や「確変時の確率」や「確変継続率」を考慮した「総合的な確率」のことである。通常時の確率を下限ギリギリの399分の1にしても、確変継続率を80％と高く設計すればMは高くなる。このMを算出するための計算式は検定規則にて定められているが、数式が複雑なのでここでは触れない。

「N」とは「ラウンド数」のことだ。ぱちんこ遊技機とは大当たりすると「大入賞口という大きなアタッカーが開いて、一定時間、あるいは一定個数入賞で閉じる。それを繰り返す」のだが、ラウンドとはこの「1回の開放」のことだ。検定規則では別の部分でこのNの上限値を16と定めている。

「R」とは「カウント数」のことだ。ラウンドが終了となる一定個数入賞数のことをいう。検定規則では別の部分でこのRの上限値を10と定めている（規則の上限規定は「おおむね10個」であるが、型式試験申請の際の申請書類には「おおむね」を外した計算結果を提出することになっている）。

「S」とは「賞球数」のことだ。大入賞口に玉が1個入ったときに払い出される玉の個数のことである。検定規則では別の部分でこのSの上限値を15と定めている。

なお、上限値が定められているNRSについて、その値は新旧ともに同じである。

ここで、上記式にそれぞれの最大値を代入すると、

M×16≦0.08　→　M≦0.005　→　M≦1／200

M×16×10×15≦12　→　M≦0.005　→　M≦1／200

となる。つまり「新旧どちらの検定規則も、大当たり出玉が規則最大値の場合には『200分の1以下の大当たり確率』にしなければならない」としているのである。

さて、この規制、変数は増えたが同じレベルの規制であることはわかると思う。ではどこが「規制緩和」となったのか。

答えは不等式の右辺部分。（　）内におけるNの値が「最大値」なのか「平均値」なのか、という部分である。

わかりやすくいうとこういうことだ。「ある遊技機は、16ラウンドの大当たりと2ラウンドの大当たりがそれぞれ同じ割合ある（50％ずつ）」とする。この場合、旧規則ならNに代入しなければならない値は16となるが、新規則なら9でいいのだ。数字に余裕が出た分、大当たり確率を引き上げることができる。実際の開発企画では大当たり確率ではなくて「確変継続率」を引き上げることができるのである。

現在も存在するマックスタイプは、全てこのMNRS規制をギリギリの線で狙って開発企画されている。Nを下げるのは「出玉の少ない大当たり」の存在だ。だから今のマックスタイプは「必ず出玉が少ない大当たりが存在する」のである。

Nの代入ルールを「最大値」から「平均値」に変えていなければ、実はマックスタイプは存在が難しかったのだ。

第5章

民族とぱちんこ

ぱちんこはどこの国の文化？

よく「朝鮮玉入れ」と揶揄されるぱちんこ。果たしてどこの国の文化なのだろうか。読者にとっては意外かもしれないが、これは「日本の文化」だと断言できる。なぜなら、日本以外でのぱちんこが、たとえ実現しても根付かないからである。

珍しいところでは、過去に南米にぱちんこ屋が存在したことがあると、先輩記者から聞いたことがある。北朝鮮にも台湾にも存在するし、韓国では大疑獄事件となって壊滅するまでは、成人娯楽室（コラム参照）は大盛況であった。行ったことがないので確認していないが、ウランバートル（モンゴル）でもぱちんこ化の話があったと10年ほど前に聞いた。そして、そのいずれもが「日本の遊技機メーカー、遊技機販売業者、遊技機改造業者などが進出するか、日本の人気遊技機を模倣する（パクる）という手法が多い」ということである。中には日本のぱちんこ企業がすすめる場合もある。

しかし、一般的に、海外では「ギャンブルと言えばカジノ」である。今や世界最大のカジノタウンとなったマカオ、2010年にスタートしたシンガポールも「カジノ」であって「ぱちんこ」ではない。特に、東南アジア、南アジアではカジノへの意欲が盛んな国が多く、違法合法問わずカジノはいろんな国に存在している。ぱちんこも韓国での一瞬の成功例があるため人気になる可能性はあるが、日本のように戦後60年以上も続いている国は他に存在しない。

ただし「ぱちんこ業界に携わる者」という文脈に変えると、ぱちんこはどこの国の文化かわからなくなる。ぱちんこの創成期に在日韓国・朝鮮人、在日中国・台湾人らが多くかかわったのは事実である。

私がぱちんこの業界紙記者になった１９９７年頃、個人的な話で恐縮だが、私自身が日本における在日外国人の実態についてほとんど知らなかった。しかし国籍がどこかによっては取材に影響が出るよ、と先輩記者に言われたため、何も知らない私は「国籍はどこですか」と臆面もなくぱちんこ業界関係者に聞くことも多かった。平凡な日本人である私にとって、この業界は「異国情緒」が多く不思議な感覚になったものだ。ただし、全ての人が当たり前だが日本語で会話が通じる。在日一世の人の場合は、発音が微妙なときもあるが、日常会話も仕事会話も難なくこなせるのである。

当時の私の「いきなり国籍を聞くというスタイル」に対して、実はあまり強い反発は受けていない。ぱちんこ業界では「いちいち聞くことでもない」という場合が多いのでいつもは相手の国籍について関心がないのだが、それでも「そういえば（あの人は）どっちだったっけ？」というのは日常会話である。

業界関係者の会話の中で国籍について「どっち」と言えば「北」か「南」のことだ。つまり「北朝鮮」か「韓国」か、である（なお、「日本か在日か」という文脈の「どっち」もある。ただし、苗字から日本人かどうかは大体わかることが多いので、あまり日本か在日かという会話はない）。北朝鮮は日本に在日本朝鮮人総聯合会（朝鮮総連）という組織を置いているため「北」なら「総連系」と呼ぶこともあるし、韓国なら在日本大韓民国民団（民団）という大きな団体があるため「民団系」と呼ぶこともある。ただし、多くの業界関係者は「総連系」とは呼んでも「民団系」とはあまり呼ばない。朝鮮総連は国交のない国の事実上の出先機関であるから、在日朝鮮人にとってはかなり重要な団体であるが、民団は国交のある国に関する民間団体であり韓国大使館も別にある。このため、一般的には「北」「南」という呼称が多い。

南北「対立と和解と反発と与信管理」

実は、これも読者にとっては意外かもしれないが、伝統的に「朝鮮総連と民団は対立関係」にあった。これはケースバイケースではあるが、原則的には対立していた。この対立は両団体のトップレベルだけではなく、現場レベルの話でもある。たとえば、今から10〜20年前なら「総連系の店には（自店で撤去した遊技機を）転売しない」とか「韓国籍のスタッフは雇わない」とか、そういう話は珍しくなかったのだ。

この対立が急激に氷解するチャンスが到来したことがある。２００６年5月に「歴史的和解」を両団体が発表。両団体のトップである徐萬述議長（朝鮮総連）と河丙鈺団長（民団）の会談を行うことも発表したのだ。それまで朝鮮総連議長と民団団長の会談の前例はない。韓国政府の太陽政策の影響を受けてのことであるが、北朝鮮批判の急先鋒である産経新聞も記事にしたほどの大ニュースである。

これを受けて民団の下部組織から強い反発があったという。ある民団関係者は当時、私にこう語ってくれた。

「公安が北朝鮮とのつながりの深いぱちんこ屋を送金などでマークしたという話や、それにつられて警察もぱちんこ所管で総連系には厳しくするというウワサが飛び交った。拉致問題での日本の世論は北朝鮮非難一色であり、こんなときに歴史的和解なんてされたら、必死に営業している在日韓国人のぱちんこ屋がいわれなき取り締まりを受ける可能性がある。それを嫌って、多くの地域でかなり強い反発が出た。無理もない話だ。だけどこれは警察が総連と民団とを分断するために流したデマかもしれない」

当時は安倍内閣誕生前夜である。日本の対北朝鮮の厳しい世論に、民団の下部組織側がひるんだとしても不思議ではない。しかもウワサは具体的なのである。すなわち「警察が親総連系を狙う」ということである。結果、共同宣言は撤回された。

このウワサは、後に「警察」ではない役所がかかわって安倍政権下で跋扈した。警察の代わりに登場するのはなんと「金融庁」である。

2007年に某ぱちんこ企業の大型倒産（民事再生手続き）があった。この倒産劇について、ある金融業関係者はこのように話してくれた。

「あれは黒字倒産。利益が出ているんだよ。ただし、民再直前に決まっていた資金調達を拒否した大手（銀行）がいる。それで焦げ付きが発生してああなった。なんか北朝鮮絡みでの国策のにおいがするんだよな」

国策とはどういうことか。それは、先ほどのウワサの変質である。どう変質したか。「安倍内閣の国策として、金融庁が各金融機関に対して『北朝鮮に送金する可能性のある企業に資金を簡単に融通するな』と指導した」というものである。このウワサが本当であっても、金融機関が「あの会社は総連、あの会社は南」とわかる代物ではない。というのも、日本籍に帰化している人は大勢いるのである。送金するかしないか、それは少なくとも銀行にわかるような話ではない。送金は日本の銀行を介さないのである。

ぱちんこ企業に対する与信管理が安倍内閣の頃から急激に悪化したことを受け、このようなウワサが飛び交ったわけだ。その大型倒産についても、金融機関が手のひらを返した理由として説得力はある。このウワサは瞬く間にぱちんこ業界に広まっていった。

ウワサの真偽は実はわからないままだ。私は「安倍政権ならやりかねない」とは考えている。しかし事実としては「某ぱちんこ企業が６００億円以上の負債を抱えて民事再生手続きに入った」というものである。財務破たんした夕張市と変わらない規模の負債である。その後、ウワサの真偽にかかわらず「さらに、ぱちんこ企業に対する与信管理が厳格化」したのも当たり前の話である。

歴史的和解の頃の警察のウワサは、金融庁のウワサに変質し、その真偽如何にかかわらず「ぱちんこ企業総与信管理厳格化」の時代に入ったわけだ。もちろんこのぱちんこ企業には「日本人」も「中国・台湾人」もいるのである。つまり、北朝鮮問題とは関係ない日本、韓国、中国・台湾籍の経営者が全て混在してしまうのである。

時は経過措置機の終了年で、パチスロマーケットが低迷していく最中である。この年にパチスロの設置台数は40万台ほど減少。しかし減少した分をぱちんこで補うことが、資金調達の関係で難しい。結果的にこの年は遊技機の設置台数は大幅減となった（75ページ、図5参照）。

単なる「朝鮮玉入れ」という言葉で表せないくらいの混沌模様がそこにあることは読者にも理解いただけるだろう。

どこの国籍が多いのか？

これは実は難しい問題だ。正確にはなかなか知る方法がないからである。業界でよく言われるのは「南5割、日本3割、中国・台湾1割、北1割」という感じだが、これも正確な統計というわけではない。

さらに難しいのは「国籍は変わる」ということだ。金賛汀著「朝鮮総連（新潮新書）」にはこのような記述がある。

総連組織不振の表明として、外国人登録証明書の国籍欄から「朝鮮」を消し、「韓国」に書き換えることを役所に申請する在日朝鮮人が続出している。

新聞は、「『９・17』以降、国籍を『韓国』にする在日朝鮮人が、急増している。関係当局によると、その数は01年に３６６８人だったが、02年は倍以上の７５８０人に上る」と報じた。そして03年はさらにその倍になると予想されている。それ以外にも日本国籍取得者も急増し「朝鮮」籍所有者は、約65万人の在日「韓国・朝鮮」籍所有者のうち、すでに10万人を切っていると推定されている。

心情的に日本国籍に帰化するとは考えにくい在日一世、その一世の背中をずっと見ていた二世はともかく、今はぱちんこ営業者も三世、四世の世代に突入している。私の周辺でも多いのが「自分はいいが、子どものためにも帰化する」と言う在日韓国人はとても多い。

しかも、この朝鮮総連に記載されている「減少」傾向は「朝鮮」であって、韓国ではない。前記9・17とは、小泉訪朝で金正日総書記が拉致を認めて北朝鮮非難に日本の世論が一気に傾いた日のことである。

CRとINのクリア

ところで、ぱちんこと言えば週刊誌などで「北朝鮮への送金」がよく話題になる。実際にも「所得を隠して（脱税）その分を送金したぱちんこ企業の事件」などが、たまにニュースとなる。読者も「ぱちんこ資金は全部北朝鮮に流れる」と考えているかもしれない。

送金があるのかないのか、と言えば「ある」。送金された資金の一部が軍事予算に回されている可能性も高い。そう考えた警察庁が、これ以上安易に送金させないために選んだ方法が「ぱちんこ店の所得を隠させない」というものだ。本来は国税庁の管轄であるこのテーマを警察庁内で推進したのは平沢勝栄警察庁保安課長（当時）、後の自民党衆院議員である。

昭和と平成をまたぐ頃に始まったこの一大プロジェクトの目指したところは「INのク

リア」と呼ばれた。つまり「売り上げを確実に捕捉してクリアにする」という意味である。ぱちんこ店の売り上げは「貸玉（メダル）料金」であるから、この部分に第三者が把握する機能を設ければこれは可能だ。

その機能は最終的にはCRユニットが担うことになる。このCRユニットは「売り上げが通信によって第三者に常に管理されている」ということを読者は知っているだろうか。

大手商社、通信会社（NTTなど）、業界団体（日遊協など）、もちろん警察庁などの図太い連中と巧みにコミュニケーションを取りながらCR化を実現したキーマンのひとりと言われているのが熊取谷稔氏。「はじめに」で少し触れたが、コスモイーシーのトップであり、事実上のマルホン工業（ぱちんこメーカー）のトップでもある。平沢氏を中心に熊取谷氏が動かなければCR化は実現していなかったかもしれない。

さて、そのCRはテスト時代当初、なかなか普及しなかった。CRユニットが高額（台当たり20万円くらいが相場）であるにもかかわらず、導入する営業上のメリットが少なかったからだ。そこで警察庁は一計を出す。すなわち「CR機であれば、確率変動機能はOK」というものだ。ただし、これは警察庁にとっては「所管上許されないダブルスタンダード」ということになる。同じ規則で規制されるはずの「CR機」と「現金機（従来のタイプ）」とで、ルールが違うということが許されるのか？

結論を言うと、これを担ったのは日工組である。日工組は「CR機だけ確変OK」という内規を制定した。ぱちんこメーカーは全て日工組組合員なのだから、これだけでダブルスタンダードは成立するのだ。仮に警察庁が問題を追及されても「日工組の内規で規制されていると聞いています」ととぼけることも可能なのである。

なお、この内規は現在までずっと継続されている。

（註）確率変動（確変）について

確変とは、難しい話をすると「特別図柄の確変」と「普通図柄の確変」とがある。このうち、日工組のCR内規が規制したのは特別図柄の方だけだ。特別図柄とはメインデジタルのこと。当たれば大当たりになる。一方の普通図柄とはミニデジタルのこと。当たればスタート対応の電動チューリップが開放する。これは現金機でも許されていた。

もうひとつは「第1種」の規定だったということ。セブン機、デジパチ、などと呼ばれた第1種特別電動役物搭載機のみの規定であった。つまり「第3種」についてこの制限はない。第3種とは権利物のことであり、このため「3回セット」の現金権利物なども内規制限の対象外である（第2種は羽根モノ）。

北朝鮮送金

さて、ちょっと赤裸々な送金の話をしよう。以下は、私の聞いた送金経験者の話。

「向こうに姉がいるんだ。人質みたいなもんだよ。本当は嫌だが仕方がない」

「祖父の遺言だから」

この辺はいたって普通だ。いや、日本人の感覚では普通ではないのだが、ぱちんこ業界では日常の風景である。

しかし、この日常の風景には９・17以降かなりの変化があった。

「今、送金するのは（日本）政府の目もあって大変。だからもう送金していない」

「もう向こうの親族は一度も会ったことがない人ばかり。送金はしていない」

明らかに送金が減った。これも実はぱちんこ業界にとっては日常の風景である。

北朝鮮の送金ということで言えば、送金というよりも朝鮮総連そのものがぱちんこ店を直営するという話にも触れておかなければならない。これは結論から言うと失敗したと先の金賛汀著「朝鮮総連」は言う。こんな記述がある。

日本全土にパチンコ店二十数店舗を展開するある有力な商工人は「パチンコ店経営が素人にでもできるのなら誰でもやりますよ。経営を成功させるには血の小便を流し、額に汗して築き上げてきたノウハウが必要です。素人の雇われ支配人は自分の血と汗を流すようなことはまったくしません。それればかりか自分の利益のため店の売り上げをごまかすことを日常的にやります。総連のパチンコ屋は結局パチンコ経営のノウハウ不足で失敗したのですよ」と語っていた。

かなり乱暴なコメントではあるが、朝鮮総連のぱちんこ経営が上手くいかなかったということはこれによってもわかるだろう。

さて、北朝鮮へ送金する人が減っているのが現状だとしても、なくなったわけではない。ではいったいどういう層が送金するのか。つまり「朝鮮籍」だから送金するのか。

これは実はなんとも言えない。国籍が韓国や日本の元在日朝鮮人は多いのである。彼らがアイデンティティをどこに持っているか。彼らの近しい親族が今も北朝鮮に住んでいるのか。そのようなことを把握する術は、私にも警察にもないのである。

だが、警察は「仕事の一環」として「ここはかなりの総連系だ」と推測的に目星をつける。主には公安警察の仕事であるが、そういうぱちんこ企業は今でもいくつも存在する。朝鮮半島情勢や日朝関係が緊迫すると、そういう店舗は「目をつけられている」ために、逆に目立った動きが取りにくい。結果、仮に「送金したい」と考えていても「送金できない」という事態も発生する。

現在でも送金はある。しかし、おそらく一般社会が考えているほど「送金しやすい環境にはない」上に「送金したくないと考えている在日朝鮮人は多い」のである。

過去に送金をして、現在送金をしていない人のコメントを紹介しておこう。

「（日本）政府が厳しい目を（北朝鮮に）向けているおかげで、送金せずに済む」

脱税までして送金を行うカルチャーがあったぱちんこ業界も、実態はこういうもの。少なくとも「ぱちんこ総送金」というカルチャーは、そもそも存在しないのである。

ゴト行為と中国人

ぱちんこには「ゴト行為」と呼ばれる違法行為がある。語源は不明だが「しごと」↓「ゴト」というのが広く言われる俗説である。

このゴト行為とは「不正な方法で出玉（メダル）を得る」というもの。事前に基板を改造したり、専用の器具を使用したりする。チープな手法では「磁石」もゴト行為であり、たとえば「ドツキ」もゴト行為とされる場合もある。

このゴト行為は「仕込む側」と「ゴト行為をする側」とに分かれる。仕込む側は「元締め」もいれば「開発者」もいる。昨今のハイテク化した遊技機をコントロールするためには、ゴト行為にも技術がいるのだ。

ゴト行為をする側のことを「打ち子」と呼ぶ。いわば「ゴト組織の末端構成員」だ。実際にぱちんこ店に行って玉を抜いて換金するのは打ち子の仕事だ。

このゴト行為、特に打ち子には、古くから中国人が多く存在した。中国人と言っても在日中国人ではなく、どちらかと言えば不法滞在中国人である。

先ほど「総連系の店には（自店で撤去した遊技機を）転売しない」という例に触れたが、実は国籍・民族的なこの機械転売の対立としては「中国系には売らない」という話の方を私は圧倒的に聞いた。そう言う人に理由を聞けば「ゴトは中国人じゃないか」と言うのである。

在日中国・台湾人のぱちんこ営業者にとって、これはかなり神経を逆なでする発言である。だから、逆に「あっち（韓国・朝鮮系）には売らない」という話も聞いたことがある。これはこれで、ぱちんこ業界内の民族的相克である。ただし、この構図は「南北」と同じく、今は崩れ去っている。少なくとも「店舗によって（自店で撤去した遊技機を）売る売らない」ということをする営業者は皆無になってきた。

現在のゴト事情に触れれば「打ち子＝中国人」という構図は崩れている。と言うか、むしろ「打ち子＝なんでもアリ」である。ゴト行為は暴力団とも密接な関係があると言われており、警察庁もその点で関心を示す問題だ。もはや「中国人＝打ち子」ではなく「誰が打ち子かわからない」のだ。

ただし、今でも「中国語を話す客がいると、店現場は身構える」ことは事実である。

日本人とぱちんこ

帰化後に日本人のぱちんこ営業者となった人以外にも、はじめから日本人ぱちんこ営業者という人たちはいる。その割合が在日系営業者よりも少ないのは「はじめは社会の隅っこの商売だった」からかもしれない。

在日系の営業者がぱちんこ業界に多いことについて、在日韓国人のぱちんこ営業者はこう言う。


「俺は元は鉄くず屋。だけど身内がぱちんこで成功して『こっち（ぱちんこ）の方がいいぞ』とすすめてくれた。だからぱちんこに転身したんだ」

はじめは鉄関係、ケミカル関係、焼肉屋関係などからぱちんこに転身した営業者は多い。

「自分の身内に儲かると言われて転身した」という話は、実は全国的に散見される。つまり「在日社会の口コミで商売が急速に広まった」ということだ。

その起源はおそらく戦後の日本。混沌の中で「身内以外に頼ることができない」普通の在日の人たちは、当時はまだ高額の開業資金が必要じゃないぱちんこ営業について「じゃあやってみようか」という空気が生まれやすかったのである。

当時の日本人のメンタリティは「復興」一筋であろう。家族を養うため若くして働き、のちに戦後復興を成し遂げたパワーになる。このとき、一般的な日本人なら「ぱちんこをやってみようか」とはなかなか思わないかもしれない。この「思わない分」だけが日本人ぱちんこ営業者の割合減となっているわけだ。

現在、20兆円産業（レジャー白書より）とも言われるぱちんこマーケットだが、既に参入の障壁は高くなっている。釘調整の技術や換金の暗黙の了解、業界団体の自主規制や警察との関係などは複雑な方程式になった。何より、一からぱちんこ営業に参入するには資金がかかりすぎるのである。億単位では少台数の店しか作れない物件も多い。その割に収益率は低い。一般的なぱちんこ企業の利益率は「経常利益ベース」でも「2％を超えるかどうか」というレベルである（ただしその分売り上げは大きい）。

大手資本のぱちんこ参入というのも、実はいくつか存在した。主に大手小売資本が参入を行ったが、その多くが苦戦。金があるだけでは成功せず、金がなければなお苦しいという現在のマーケットにおいて、新規参入意欲は小さい。むしろ目立つのは「大手・中堅チェーンの新店出店」であって「新しいぱちんこ屋チェーン」ではない。

ここに、ぱちんこの国籍・民族構成要因の硬直化がある。帰化の分を除けば、大きく構成が変化することはないだろう。なお、帰化の分だけぱちんこの「個人レベル」での構成は、より日本的になりつつある。

ぱちんこの他の職域

遊技機メーカーなり、機械販売業者なり、設備業者なり、ぱちんこ業界には数多の職域がある。そこには日本人も在日系も特に意識されることなく存在する。

しかしルーツはぱちんこ店と似たようなものだ。というのも「遊技機メーカー」「機械販売業者」「ぱちんこ店」という三者が、戦後のぱちんこにおいて明確に分かれていたわけではないからである。そのメーカーの遊技機しか設置しない店というスタイルが古くは主流で、メーカーと販社と店は「一体」だったのだ。

現在は完璧に分業となっている。数で言えば圧倒的多数がぱちんこ「店」だから、国籍・民族的相克なども「店」関係で目立ったというだけの話だ。

解説　成人娯楽室

韓国のぱちんこ店に相当するものは「成人娯楽室」と呼ばれた。ちょっと変わっており実際には「遊技」ではない。客は金を入れるが「操作」はほとんどしない。金が入ると勝手にゲームが始まり、出れば商品券が出て換金可能、出なければ金がなくなるというスタイルだ。

ここの問題は盧武鉉元大統領の甥であるノ・ジウォン氏が機械製造販売会社の筆頭株主企業の役員だったこと。そもそも韓国にも当時「映像物等級委員会」という日本の保通協に相当するチェック機関があったのだが、そこがかなりのギャンブル性の機械について許認可を出していたわけである。

韓国版ぱちんこ、メダルチギ。パダイヤギとは、直訳すれば「海物語」であるが、転じて、メダルチギ全般を指すのにも使われたようだ。
写真提供／月刊日本遊技通信

人気となったのは「パダイヤギ」というもの。三洋物産の「海物語」のパクリである。ただしこのギャンブル性は高く数十万円相当の勝ちも頻発していた。

まずこの問題は「盧武鉉の甥（ノ・ジウォン氏）がかかわった」というところからスタートする。こんなギャンブル性の高い機械を卸す業者にかかわる立場に大統領の甥がいたのだ。「だから許認可されたのか」という話につながる疑獄である。

次に「純粋なギャンブル社会問題」である。韓国のマスコミは一時期はずっとパダイヤギのニュースを報じ、一家破産などの悲惨な実態を浮き彫りにした。それまでにも「（韓国）国内向けカジノ」が社会問題

韓国ぱちんこ店、成人娯楽室の外観。
写真提供／月刊日本遊技通信

化しており、韓国国民のギャンブルに対する嫌悪感は高まっていたという背景もある。

さらには「成人娯楽室の換金の仕組み」である。日本は特殊景品を媒介にするが、韓国は商品券を媒介していた。しかも商品券に関する「流通会社」や「景品用商品券発行会社（媒介物は景品用の商品券だった）」などから不正なロビーが韓国政府、議員、文化観光省（映像物等級委員会を管轄）に対して行われたという報道が相次ぐ。ここに「韓国版ぱちんこ大疑獄」となったわけである。

結果、成人娯楽室は壊滅。一瞬の成功を見たあと、消えていったのだ。

おわりに

デタラメが蔓延する砂上の楼閣

２０１０年12月はじめ頃、大崎一万発から連絡をもらった。既に本書の企画構成および取材・データ集めは済んでおり、執筆作業に取り掛かっていた時期である。「変な本があるぞ」と。

その本とは「なぜ韓国は、パチンコを全廃できたのか（若宮健著・祥伝社新書）」である。「韓国の成人娯楽室は国が壊滅させた。日本もぱちんこを禁止するべきだ」という、ぱちんこ非難に全力をあげた本である。

この本がものすごく酷いのである。何が酷いのか。「内容」だ。ぱちんこ非難の文脈が酷いのではない。事実関係がムチャクチャな記述が多く、少なくともぱちんこ業界に関する記述はウソが満載だ。要するに「デタラメすぎる」のである。

なんでこんな本が出版されるのか。それはこの本の著者や編集者が「ぱちんこ業界のことを全然知らないから」であろう。さらには「ぱちんこ業界の取材が難しい」からであろう。ちゃんと取材できる人物であれば、少なくとも「2003年10月から始まったミリオンゴッドの検定取消し処分」について「○四年七月一日に認定取消」とは絶対に記述しない。年月日を間違え、検定を認定と間違えるこの記述は「事実誤認」というレベルではない。これは取材力の欠落を示す馬鹿であり、事実確認ができない阿呆である。

いちいち列挙するとキリがないのでウソ例示はこの一件にとどめておくが、こんなウソ記述の宝庫であるこのトンデモ本は、日本社会とぱちんこ業界との距離をしかし示唆したものであろう。すなわち「日本社会はぱちんこ業界のことを知らなすぎるので、ちゃんと取材ができなくてウソ記述が満載の本でも発行できる」ということである。

一方で、まともな取材をするジャーナリストもいるにはいる。溝口敦氏の「パチンコ『30兆円の闇』（小学館）」だ。同書は週刊ポストで連載された記事の書籍化であり、連載時点から私もコメント等で取材に協力してきた。保通協の前会長宅に朝一番に訪れる。記者の心得「夜討ち朝駆け」の実践である。型式試験に関しても警察庁の担当技官の「皆さん、保通協が悪い、保通協が悪いと言いますけど、もし悪いとすれば警察庁が悪いんです」という凄いコメントも得ている。保通協が諸悪の根源と誤解されやすいぱちんこ業界の精確な姿を、緻密な取材で明らかにする。さすが食肉業界のドン、ハンナン浅田満氏を追い詰めたジャーナリストである。取材力が違うのだ。今でも溝口氏担当だった週刊ポストT氏とは、定期的に会っている。だから、彼にぱちんこ業界の情報を求められれば、私の知っている範囲でいつでも提供している。

ところで、溝口氏のような一流のジャーナリストは、しかしあまりぱちんこ業界の追求をメインテーマにすることはない。氏の実力がいかんなく発揮されるのは基本的には暴力団関係の記事であり、パチンコ30兆円の闇はむしろ氏の例外的ワークである。

一流ジャーナリストが忘れた頃に「ぱちんこ業界」をやってくれるのを待つまで「なぜ韓国は……」のようなトンデモ本がぱちんこ業界を語ることを見ていなければならないのだろうか。ぱちんこ業界に生きる者である私にとっても「業界批判」はむしろ必要だし、私自身も批判には積極的だ。しかし「ウソ」はいかん、ウソは。出版の世界も「ウソ」を嫌うのが原則だ。虚構を売りにする「小説（フィクション）」なら別だが、業界批判本に臆面もなくウソが満載され、それが世に出て多くの人の目に触れる。私はそんな現状を容認できるほど、辛抱強い人間ではない。

この点、大﨑一万発との今回の仕事は、私にとって大変に有意義なものであった。彼はテレビ東京の伝説的番組「TVチャンピオン」のパチプロ王選手権の優勝者であり、一般的には「パチンコ人気タレント」と認知されている。しかし、彼と一緒に仕事をした者にはわかるが、彼の本職は明らかに「編集人」であり「企画人」だ。白夜書房の「パチンコ必勝ガイド」元編集長という肩書は「パチプロのついで」ではなく、普通にプロの出版人なのである。ただ、話が上手で面白くてテレビ映えがしてぱちんこが上手いというだけなのだ。

はじめて彼と顔を合わせたのはあるパチスロメーカーの東京支社内。企画の協力をともに依頼され、最終的にはその仕事はともにやってはいない。しかし、彼の印象はその席上ではっきりした。「とにかく面白いことを、精いっぱい真面目にやりたい」というベクトルを常に維持しているのである。当時からお互いを認識して意識しあっていた我々2人にとって、このベクトルは決して捨て去ることのない大切な琴線なのである。

私が彼とはじめて仕事をしたのは彼が企画したムック本の原稿だった。ぱちんこ業界の裏モノ関係の記事を依頼され、執筆者としてはペンネームのPOKKA吉田ではなく本名での仕事である。「これくらいが限界かな?」といくぶん手加減して執筆した原稿について、彼は「もっと攻めてもらってもいいのに」と言わんばかりの迫力である。

そして今回。ひょんなご縁で主婦の友社と大﨑一万発、私とで仕事をさせていただいた。初タッグとなる主婦の友社にとっても彼の編集人としての能力は既に評価されており、この本は彼の名前で上梓させていただいたようなものである。私にとっては「ペンネームで全てを執筆する初めての本」であり、この仕事を提案してくれた彼と主婦の友社には感謝の気持ちでいっぱいである。

それともうひとつ。本書の執筆にあたり、協力してくれた多数の方々に、この場を借りて感謝の意を表したい。私は「ぱちんこ業界のことをたくさん知っている」人間ではない。「私の周囲に、ぱちんこ業界のことをたくさん教えてくれる方々が多い」という人間なのだ。協力してくれた全ての人なくして、本書はない。なんの見返りもなく、さらには業界を批判することも厭わない私への取材協力は、ぱちんこ業界関係者の「それでも正しい姿を知ってもらいたい」という善意がもたらす高尚なボランティアなのである。

今後もぱちんこ業界を「精確に、真面目に、世間に知らしめる」ことをテーマに、執筆活動に取り組む私にとって、本書が読者に「びっくりするような真実」を提示できていればこれに勝る幸いはない。トンデモ本が跋扈してステレオタイプ化するアヤシイ業界の「本当のアヤシサ、本当の闇」は、違うところに確かにあるのだ。犯罪アリ、民族の相克アリ、警察利権アリ、業界の病的なギャンブル性追求アリ、それらを広範囲に精確に知らしめる書籍は、本書の他にはそうそう存在しないと自負もしている。「ぱちんこをなくしてしまえ」という強い社会の批判に対して、時に巧妙に、時に警察の陰に隠れて延命してきたこの業界は、いつなくなってもおかしくはないというギリギリのところに成り立つ、まさに砂上の楼閣なのだ。

ぱちんこがなくなる日。その日が到来するのかしないのか。それは誰にもわからない。しかし、本書で示せたとおり、ぱちんこ業界は「キワドイ状態」でそこに向かっていく可能性を内包しているのである。

２０１０年12月24日快晴　東京都足立区の自宅編集部屋にて脱稿　ＰＯＫＫＡ吉田

POKKA吉田（ぽっかよしだ）
1971（昭和46）年、大阪府生まれ。神戸大学経済学部中退後、ぱちんこ業界紙、遊技機メーカー系シンクタンクを経て、2004（平成16）年にフリーへ。同年からWEBサイト「POKKA吉田のピー・ドット・ジェイピー」主宰。同サイトはぱちんこ業界関係者のための専門サイトとして高く評価されている。ぱちんこジャーナリストとしてこの特殊な業界の暗部をタブーなく説く。連載やテレビ出演、講演多数。

パチンコがなくなる日《ひ》

二〇一一年三月十日　第一刷発行

著　者／ＰＯＫＫＡ吉田《よしだ》
発行者／荻野善之
発行所／株式会社 主婦の友社
〒一〇一-八九一一
東京都千代田区神田駿河台二-九
電話（編集）〇三-五二八〇-七五三七
電話（販売）〇三-五二八〇-七五五一
印刷所／大日本印刷株式会社

ISBN978-4-07-276802-0

※乱丁本、落丁本はおとりかえします。お買い求めの書店か、主婦の友社資材刊行課（電話03-5280-7590）にご連絡ください。
※内容に関するお問い合わせは、主婦の友社出版部（電話03-5280-7537）まで。
※主婦の友社発行の書籍・ムックのご注文、雑誌の定期購読のお申し込みは、お近くの書店か主婦の友社コールセンター（電話049-259-1236）まで。
＊お問い合わせ受付時間　土･日･祝日を除く 月〜金 9:30〜17:30
※主婦の友社ホームページ　http://www.shufunotomo.co.jp/
※編集担当／佐々木 亮（主婦の友社）